Andrew Farley

# Entspanne dich mit Gott

*Eine vernachlässigte geistliche Disziplin*

*Aus dem Amerikanischen von Bettina Krumm*

Die Deutsche Nationalbibliothek verzeichnet diese Publikation in der Deutschen Nationalbibliografie; detaillierte bibliografische Daten sind im Internet über http://dnb.dnb.de abrufbar.



*Umschlaggestaltung:* www.thinkpendesign.com
*Umschlagfoto:* © 2014 Shutterstock
*Corporate Design:* spoon design, Olaf Johannson
*Lektorat:* Sonja Yeo, Thilo Niepel
*Satz:* Grace today Verlag
*Druck:* CPI – Clausen & Bosse, Leck
*Printed in Germany*

1. Auflage 2018


Paperback: ISBN 978-3-95933-052-7, Bestellnummer 372052
E-Book: ISBN 978-3-95933-053-4, Bestellnummer 372053



www.gracetoday.de

# STIMMEN ZU DIESEM BUCH

»Ich bin in der Gemeinde groß geworden und habe dort die Lieder mitgesungen. In manchen hieß es: ›wofür es sich zu sterben lohnt‹. Aber das konnte ich nie nachvollziehen. Ich hatte den Eindruck, dass etwas fehlte. Einige Jahrzehnte später saß ich in einem Flugzeug nach Australien und las Andrew Farleys Buch. Noch bevor das Flugzeug zur Landung ansetzte, hatte das Buch mich völlig umgehauen. Mir kam folgender Gedanke: ›Wenn Christus so ist, ja, dann ist das wirklich etwas, wofür es sich zu sterben lohnt!‹ *Entspanne dich mit Gott* ist Andrews neuestes Werk und es hat das Potenzial, dein ganzes Leben umzukrempeln. Mach dich darauf gefasst, die Freiheit der Gnade Gottes zu entdecken. Mach dich darauf gefasst, Jesus auf eine ganz neue Weise kennenzulernen!«

**Bart Millard**, Leadsänger der Band *MercyMe*

»Die Tiefe und Klarheit der Offenbarungen von Andrew Farley in Bezug auf die völlige Vergebung und Einheit der Gläubigen mit Christus haben uns berührt. Was für eine Freiheit ist es doch, von Gott zu leben, und nicht nur für ihn zu leben! Lies dieses Buch und fang an, dich mit Gott zu entspannen!«

**Steve Eden**, leitender Pastor der *Grace Church*, Choctaw, Oklahoma

»Andrew Farley ist eines dieser hell strahlenden Lichter in unserer Generation, das uns zurückruft zum Ursprung der Frohen Botschaft. Seine Art, die Gnade Gottes zu vermitteln, hilft uns dabei, zu erkennen, dass diese Wahrheiten nicht nur Theologie sind, sondern Leben, das uns freimacht. Ich bin sehr stolz, an der Seite dieses Mannes zu stehen.«

**John Lynch**, Bestseller-Co-Autor des Buches *Das Heilmittel*

»Unter allen christlichen Pastoren, Lehrern und Autoren gibt es nur einen, dessen Bücher ich mir nie entgehen lasse: Andrew Farley. Ich kenne sonst keine Botschaften, die so erfrischend, überraschend aktuell und bibelfundiert sind wie seine. Wenn dir die Wahrheit die Spinnweben aus dem Kopf pusten und direkt zu deinem Herzen sprechen soll, dann ist *Entspanne dich mit Gott* das richtige Buch für dich.«

**Ralph Harris**, Vorsitzender von *LifeCourse Ministries*, Autor von *God's Astounding Opinion of You*

»Andrew Farley ist bei dem wahrscheinlich wichtigsten Thema aller Zeiten – der Gnade – offen und ehrlich. Gott sei Dank lässt er bei der Gnade Gottes nicht locker und lässt auch nicht zu, dass seine Leser sich um die Schönheit und Majestät der Gnade, die Gott für sie hat, herumschlängeln. Durch Andrews Klarheit und Beständigkeit lässt Gott vielen Menschen ein Licht aufgehen. Ich bin dankbar, dass ich auf seine Bücher gestoßen bin, und freue mich immer, wenn ich jemandem begegne, der ebenfalls den Farley-Faktor kennengelernt hat.«

**Bruxy Cavey**, Lehrpastor bei der Gemeinde *The Meeting House*, Bestsellerautor des Buches *The End of Religion*

»Andrew Farleys Bücher werden nie aufhören, mich zu überraschen. Ich bin selbst Pastor und glaube, dass das Evangelium der Gnade die einzige Hoffnung für die Menschheit ist, und kein Autor, den ich je gelesen habe, bringt das klarer zum Ausdruck als Andrew. Ich empfehle jedes seiner Bücher, und *Entspanne dich mit Gott* kann ich nicht genug empfehlen. Wenn deine Beziehung mit Christus nur noch religiöser Stress ist, dann ist es an der Zeit, dass du deine Freude wiederfindest! Lies dieses tolle Buch, und ich bin überzeugt, dass du finden wirst, was dir gefehlt hat.«

**Jeremy White**, leitender Pastor der *Valley Church*, Vacaville, Kalifornien; Autor des Buches *The Gospel Uncut*

# INHALT

## EINFÜHRUNG


Kapitel 1 Mein persönliches *Victoria Secret* .................. 9
Kapitel 2 Das Gegenteil aller Predigten, die du je gehört hast ... 19
Kapitel 3 Entspanne dich: Es gibt eine neue Art zu leben! ....... 27


## TEIL EINS:
## DAS KREUZ IST ENDGÜLTIG


Kapitel 4 Du bist tot für die Religion des Gesetzes .................. 37
Kapitel 5 Völlige Vergebung .................. 47
Kapitel 6 Es geht nicht um dich .................. 57
Kapitel 7 Es ist wirklich vollbracht .................. 65
Kapitel 8 Du wirst für deine Sünden nicht verurteilt werden... 73


## TEIL ZWEI:
## ENTSPANNE DICH IN DER REALITÄT DER AUFERSTEHUNG


Kapitel 9 Du musst dich nicht umbringen .................. 85
Kapitel 10 Innerlich erneuert .................. 95
Kapitel 11 Du hast Auferstehungsleben erhalten .................. 105
Kapitel 12 Du kannst deine Errettung nicht verlieren .................. 115
Kapitel 13 Du hast den Glauben *und* die Werke .................. 121

## TEIL DREI:
## ENTSPANNE DICH IN DER WAHRHEIT, DIE DICH FREI MACHT

Kapitel 14 Gott sucht keine kleine Elite aus ........ 131

Kapitel 15 Keiner kann *solchen* Lehren Folge leisten ........ 139

Kapitel 16 Es geht nicht um Wasser oder Wein ........ 147

Kapitel 17 Wir schulden Gott kein Geld ........ 155

Epilog – Entspanne dich mit Gott ........ 165

Entspanne dich mit Gott – Ein Bibelstudium in sieben Teilen... 175

Danksagungen ........ 187

# EINFÜHRUNG

# 1

# MEIN PERSÖNLICHES *VICTORIA SECRET*

Ich wäre definitiv ins Gefängnis gekommen. Man steht nicht einfach aus dem Publikum auf und stoppt einen *Saturday-Night-Live*-Star bei seinem Comedyprogramm, ohne ungeschoren davonzukommen. Und vor allem nicht mit dem, was ich zu sagen vorhatte!

Ich hatte eine Botschaft von Gott erhalten. Meine Aufgabe war es, das Programm von Victoria Jackson zu unterbrechen und an jenem Abend mehr als eintausend Studenten der *Furman University* das Evangelium zu predigen. Am Ende sollte ich sie dann zu einem Gebet der Lebensübergabe leiten.

Ich saß in meiner Wohnung, nur wenige Kilometer entfernt, und quälte mich mit dem Aufruf zum Handeln. Das war die jüngste in einer Reihe von Forderungen, die Gott – so dachte ich zumindest – an mich gestellt hatte.

Bisher hatte ich jede einzelne befolgt.

## Sündenbekenntnis am Lagerfeuer

Alles begann mit meiner christlichen Schulbildung. Dreizehn Jahre lang ging ich jede Woche in die Kirche. Und während meiner Highschool-Zeit hörten wir jede Woche dasselbe. Auch wenn die Predigt anfangs neu und frisch wirkte, kam sie irgendwie jedes Mal wieder auf denselben Punkt zurück.

Nach ungefähr den ersten zwei Dritteln sagte uns der Prediger immer, wir sollen uns Gott neu hingeben, uns mehr anstrengen und mehr tun als bisher. Manchmal bedeutete das, vor der gesamten Schule nach vorne zu kommen und »Farbe zu bekennen«. Ein andermal bedeutete es, auf die Knie zu gehen.

Wenn wir mit der Schule wegfuhren, gab es immer ein feierliches Lagerfeuer. Einige von uns bekannten ihre Sünden laut, schrieben sie dann auf, warfen das Papier ins Feuer und sahen zu, wie es verbrannte. Ganz egal, welche Form diese Läuterung auch annahm, sie endete in jedem Fall peinlich, manchmal sogar mit heftigen Tränenausbrüchen.

Manche bekannten ihre Liebe zur Rockmusik, während andere zugaben, dass sie schon eine Weile keine Stille Zeit mehr gemacht hatten. Wieder andere gestanden ihren fehlenden Mut, Christus zu bekennen, wenn sie eine Gelegenheit ungenutzt verstreichen hatten lassen.

Die Sprecher hatten anscheinend immer Gefallen daran, uns zu diesen Bekenntnissen anzustacheln. Vermutlich fühlten sie sich von Gott dazu berufen, unsere Sünden ans Licht der Öffentlichkeit zu bringen.

»Das war ja so toll für die Kinder! Wir müssen diesen Sprecher nächstes Jahr unbedingt wieder einladen«, hörten wir die Lehrer flüstern.

## Hosenbeine

Jahr um Jahr hielten diese Ereignisse einen emotionalen Kreislauf am Leben: Hingabe, Anstrengung, Versagen, Sich-schrecklich-Fühlen, dann wieder Bekennen und erneute Hingabe und noch mehr Anstrengung, nur um zu sehen, wie unsere Hoffnung auf Erneuerung schon wieder zerschmettert wurde. Alles sah so geistlich aus, doch es bereitete mich auf das vor, was noch kommen sollte.

In der Highschool nahm ich das Christsein nicht allzu ernst, denn es schien mir zu viele Opfer in Bezug auf Spaß zu bedeuten. In unserer Schule war man ein guter Christ, wenn die Haare über den Ohren kurz geschnitten und die Hosenbeine nicht hochgekrempelt waren. Denn genau das war es, was die Welt in den 1980er-Jahren tat: Hosenbeine hochkrempeln. Und gute Christen wollten ja nicht von dieser Welt sein.

Doch das äußere Erscheinungsbild war nur der Anfang. Es folgte Regel auf Regel und in mir entstand der Eindruck, dass man beim Christsein alles geben musste, sonst würde es knapp werden. Es war sinnlos, sich irgendwo in der Mitte zu bewegen. Darum ignorierte ich den Großteil des Verhaltensverbesserungsprogramms. Ich wollte mich auf der Highschool amüsieren, darum unterdrückte ich mein Schamgefühl.

## Die Sucht

Als ich aufs College ging, beschloss ich, dass ich die Nase voll davon hatte, das schwarze Schaf in Gottes Familie zu sein. Es war höchste Zeit, meinen Glauben endlich ernst zu nehmen. Angesichts dessen, was ich zu hören bekommen hatte, bedeutete das hauptsächlich zwei Dinge: die Bibel lesen und Zeugnis geben. Also fing ich damit an und tat es mehr als jeder andere, dem ich je begegnet bin.

Ich begann damit, auf dem Campus Bibelunterricht zu geben. Dann ging ich dazu über, ehrenamtlich in einem Resozialisierungszentrum für ehemalige Straftäter mitzuarbeiten, wo ich den Ex-Sträflingen Zeugnis gab und ihnen den Weg zum Heil zeigte. Dann ging ich für ein Auslandssemester nach Griechenland und Italien. Dort begann ich damit, auf der Straße zu evangelisieren. Ich schwänzte meinen Unterricht, um mehr Zeit auf der Straße zu verbringen und die Menschen zur Rede zu stellen und ihre Seelen zu retten. Ja, meine Noten litten darunter, aber im Namen Jesu.

In Europa fasste die Sucht richtig Fuß. Und bei meiner Rückkehr in die Vereinigten Staaten wurde es noch schlimmer. Ich predigte Christus in Gefängniszellen, in Flugzeugen und sogar während meiner Seminare an der Uni. Ich missionierte beim Training während der Sportseminare. Und in den Sprechkundeseminaren hielt ich benotete Vorträge darüber, wie man errettet wird.

Für den ersten Vortrag erhielt ich eine Drei, und von da an ging es nur noch bergab. Wir sollten während des Semesters verschiedene Vorträge halten – dazu gehörten eine Überzeugungsrede und eine Schritt-für-Schritt-Anleitung. Also versuchte ich, meine Kurskameraden davon zu *überzeugen*, sich erretten zu lassen, und dann später im Semester zeigte ich ihnen *Schritt für Schritt*, wie sie errettet werden können. Sie sollten immer wieder dasselbe hören, bis sie es endlich verstünden.

Ob sie wollten oder nicht.

## Von Tür zu Tür

Wenn ich zu meinen Eltern nach Virginia fuhr, ging ich in der Nachbarschaft von Tür zu Tür und gab Zeugnis. Meine Eltern gingen jeden Tag zur Arbeit, und das tat auch ich. Immerhin war ich getrieben. Ich dachte, ich würde für den Herrn arbeiten. Also hörte ich nicht mehr auf. Oder ich konnte nicht mehr aufhören. Oder vielleicht war es auch beides.

Ja, es gab Leute, die sich entschieden, an Jesus zu glauben. Aber ich bin mir bis heute nicht sicher, ob sie wirklich verstanden, wofür sie sich da entschieden. Und ob Gott wirklich irgendetwas davon benutzt hat, kann ich nicht sagen. Aber eins weiß ich sicher – wenn ich jetzt zurückblicke, kann ich deutlich sehen, dass es mir dabei nur um mich ging. Es ging mir nur um mein eigenes Wohlbefinden. Es ging mir nur darum, dass ich Erleichterung von meiner Schuld und Scham fand und alles tat, was nötig war, um Gott zu gefallen und ihn dazu zu bringen, mich wieder zu mögen. Zumindest bis der nächste Reifen kam, durch den ich springen musste.

Und die nächste Herausforderung war immer ein bisschen größer als die vorherige.

## Im *Town and Country*

»Junge, steig ins Auto und fahr weg, so schnell du kannst! Der Restaurantbesitzer hat wegen dir die Polizei gerufen«, sagte mein Vater mit einem besorgten Ausdruck auf seinem Gesicht, wie ich ihn so noch nie bei ihm gesehen hatte.

Wir hatten zusammen im *Town-and-Country*-Restaurant in New Baltimore, Virginia, gefrühstückt. Es geschah nicht allzu oft, dass ich in den Genuss eines netten Frühstücks mit meinem Vater kam, vor allem nicht, seit ich weggezogen war, um aufs College zu gehen. Aber an jenem Morgen verdarb ich ihm das Frühstück, weil ich aufstand und anfing zu predigen. Na klar, dem ganzen Restaurant. Als ich zum Entscheidungsaufruf kam, sagte eine Frau, sie wäre daran interessiert, Christus anzunehmen. Also setzte ich mich zu ihr an ihren Tisch und betete mit ihr, während der Geschäftsführer die Polizei rief.

Seltsamerweise ist daraus vielleicht wirklich etwas Gutes entstanden. Aber ich hatte definitiv Unruhe gestiftet. Und der Restaurantbesitzer war darüber *nicht* erfreut.

Die Polizeiwache war nicht allzu weit entfernt, ich hatte also nicht viel Zeit. Mein Vater stand auf, um mit dem Besitzer zu reden und die Wogen zu glätten. Ich stürzte aus der Tür und entkam, um Gott noch einen weiteren Tag zu dienen.

## Im *Comfort Inn*

Während meiner Zeit zu Hause in Virginia begann ich, in einem *Comfort-Inn*-Hotel in Chantilly zu arbeiten. Ich sollte den Rasen mähen, den Pool reinigen und bei allgemeinen Wartungsarbeiten mithelfen. Obwohl ich das Geld wirklich brauchte, war das Problem, dass ich scheinbar den ganzen Tag damit beschäftigt war, Menschen zu retten.

Eine Fluggesellschaft hielt ein Weiterbildungsseminar für Flugbegleiter im Konferenzraum des Hotels ab. Ich hatte bis zu jenem Zeitpunkt schon vielen Menschen in diesem Hotel das Evangelium *persönlich* gepredigt, in Einzelgesprächen. Aber das war meine Chance, viele Menschen auf einmal zu erreichen. Also stürmte ich ohne Zögern in den Raum, unterbrach den Sprecher mitten im Satz und begann, dem Raum voller Flugbegleiter lautstark das Evangelium zu verkünden.

Ich konnte ungefähr fünfzehn Sätze herausbringen – die Grundlagen, du weißt schon –, ohne Atem zu holen. Dann leitete ich sie zu einem Gebet der Lebensübergabe. Als ich »Amen« sagte und meine Augen öffnete, sagte der Seminarleiter, ich solle später wiederkommen, falls ich noch mehr zu sagen hätte. Er kündigte an, dass jeder, der mehr hören wolle, während der Mittagspause bleiben könne.

Als ich in der Pause zurückkehrte, wartete eine Frau auf mich. Sie sagte, sie sei schon Christ, aber sie bewundere meinen Mut. Sie sagte, sie wünschte, sie könnte so sein wie ich.

Wenn sie nur gewusst hätte …

Das war mein letzter Arbeitstag im *Comfort Inn*. Ja, sie haben mich gefeuert. Ich vermute mal, ich war beim Poolreinigen nicht *so* gut gewesen.

## In der U-Bahn nach Vienna

Aus Virginia kommend war Vienna immer die südlichste Station der U-Bahnlinie. Ich fuhr immer mit dem Auto bis zum Park & Ride, kaufte meine Fahrkarte und fuhr dann mit der Bahn weiter. Ich wusste, dass ich dort ein Publikum hatte, das mir nicht entkommen konnte.

Ich wählte mir einen Waggon aus und fuhr bis zur nächsten Station. Das gab mir ein paar Minuten, um dem gesamten Waggon aus voller Kehle das Evangelium zu predigen. Ich kannte meine Zeilen in- und auswendig. Ich erzählte den Leuten, sie seien Sünder. Ich erzählte ihnen, Christus sei für sie gestorben. Ich erzählte ihnen von dem neuen Leben, das Christus ihnen anbot.

Ich hielt sogar so etwas wie einen Bekehrungsaufruf ab, genau dort in der U-Bahn.

Die Reaktionen waren sehr verhalten, aber das hielt mich nicht ab. An der nächsten Station sprang ich aus dem Waggon, suchte mir einen neuen und begann wieder von vorne. Also, das ist echte Hingabe, oder? Vermutlich. Die Prediger aus der Highschoolzeit wären wahrscheinlich stolz auf mich gewesen. Oder nicht? Aber warum fühlte ich mich innerlich dann so *elend*?

## An der Kühltruhe

Evangelisation war zu einer Droge geworden. Ich fühlte mich toll, wenn ich jemandem von Christus erzählt hatte. Und ich konnte kaum die nächste Gelegenheit abwarten.

Im wahrsten Sinn des Wortes, ich *konnte* sie nicht abwarten.

Sobald der Rausch nachließ, war ich im selben Moment schon auf der Suche nach der nächsten Dröhnung. Ich ging davon aus, das sei der Heilige Geist, der mir befahl weiterzumachen und »radikal zu sein«.

Wenn ich abends ins Bett ging und an jenem Tag noch niemandem von Christus erzählt hatte, konnte ich nicht einschlafen. Ich hievte mich aus dem Bett, fuhr zum nächsten Laden, der 24 Stunden geöffnet hatte, und erzählte jemandem an der Kühltruhe von Christus. Aber die meisten Kunden waren darauf bedacht, sowohl mich als auch den kältesten Bereich des Ladens schnell hinter sich zu lassen. Es funktionierte nicht, aber es verschaffte mir ein wohlig warmes Gefühl, sodass ich eine weitere Nacht in Frieden schlafen konnte.

Das war alles, was wirklich zählte.

## Mein persönliches *Victoria Secret*

Doch ich hatte ein Geheimnis, eines wofür ich mich damals sehr schämte. Und ich hatte niemandem davon erzählt. Ich ließ den Gott des Universums im Stich, als er mich auf die bislang wichtigste Mission schickte.

In meinen Gedanken rief Gott mich, das Standup-Comedy-Programm von Victoria Jackson zu unterbrechen, das sie an einem Freitagabend im McAlister-Hörsaal der *Furman University* geben würde. Ich sollte vor meinen Kameraden auf die Bühne steigen, der kleinen Victoria keine Beachtung schenken und mit meinem Aufruf beginnen. Das wäre das größte Publikum, das ich für Jesus je erreicht hätte!

Ich fuhr noch nicht einmal hin. Ich kniff. Und ich legte mich zusammengerollt wie ein Embryo auf den Boden meiner Wohnung und heulte mir die Augen aus. Dieses Mal hatte ich Gott im Stich gelassen, und ich wusste, ich würde dafür büßen müssen. Das war der Beginn meines Absturzes in religiöse Angstzustände und Depression, der ein paar Jahre andauern sollte.

## Sich mit Gott entspannen

Ich befolgte alle möglichen Ratschläge für geistliches Wachstum und tat alles, um mich Gott näher zu fühlen. Ich betete ohne Unterlass. Ich las jeden Tag stundenlang in der Bibel. Und glaub mir, ich erzählte anderen von meinem Glauben!

Mein Glaubenssystem war sowohl kompliziert als auch ermüdend. Und es funktionierte nicht. Trotz meiner ernsthaften Hingabe an Gott stand ich mit leeren Händen da. Ich hatte keinen Frieden. Keine Freude. Gar nichts. Ich würde zwar in den Himmel kommen, aber es gab nichts, was mein aktuelles Leben für irgendjemanden attraktiv gemacht hätte, das ist sicher.

Das war vor dreiundzwanzig Jahren.

Jetzt ist *alles* anders. Heute weiß ich genau, wie ich die bedingungslose Gnade Gottes aufsaugen kann, wie ich zulassen kann, dass sein Geist meinen Verstand mit Gedanken seiner Liebe und Annahme überflutet. Ich weiß, wie ich meine Sicherheit und Heilsgewissheit in Jesus genießen kann, und wie ich es Gott ermöglichen kann, sein strahlendes Leben durch mich weiterzugeben. Ich kämpfe nicht mehr gegen Schuldgefühle und Angst, und der Weg vor mir liegt nicht mehr im Nebel. Jetzt genieße ich Jesus wie nie zuvor und ich wünsche jedem dasselbe Leben, das ich habe.

Wie hat sich all das verändert? Habe ich einfach nachgelassen oder jegliche geistliche Aktivität vollständig gestoppt? Nein, heute rede ich wahrscheinlich noch mehr denn je über Jesus. Aber in meinem *Inneren* bin ich verändert. Dadurch, dass ich eine Bruchlandung und einen kompletten Neustart durchlebt habe, hat Gott mich ein paar Wahrheiten gelehrt, die buchstäblich mein Leben gerettet haben. Er lehrte mich, *wie* man sich entspannt. Er lehrte mich, dass er *will*, dass ich mich entspanne. Und er lehrte mich, *aus der Ruhe heraus zu leben*, so wie ich das noch nie getan hatte.

Und was Gott mich gelehrt hat, steht in diesem Buch.

## 2

# DAS GEGENTEIL ALLER PREDIGTEN, DIE DU JE GEHÖRT HAST?

Vielleicht warst du nicht ganz so extrem wie ich, aber viele von uns werden Opfer des Wunsches, sich selbst für Gott ins rechte Licht rücken zu wollen. Ganz gleich, wie authentisch dieser Wunsch auch sein mag, er schafft nur Unruhe, weil wir in einem verzwickten Netz von Regeln gefangen sind oder von einem nebulösen Gefühl runtergezogen werden, dass wir Gottes Forderungen nicht erfüllen.

Dabei sagte Jesus uns, sein Joch sei *sanft*. Er sagte, seine Last sei *leicht*. Er behauptete, wir fänden *Ruhe* für unsere Seelen (siehe Mt 11,29–30).

Irgendwie muss das wohl stimmen.

Aber wie können wir uns entspannen, wenn wir immer mehr Leistungsanforderungen aufhäufen, die nur noch mehr Brennstoff für unsere *Un*ruhe sind? Nimm dir eine Minute Zeit und denk mal darüber nach, von wie vielen »Herausforderungen« du in deiner Zeit als Christ schon gehört hast. Wie oft wurdest du schon dazu aufgefordert, deine Komfortzone zu verlassen, zu geben, bis es wehtut, und »radikal zu sein« für Gott? Hinzu kommen die drei Schritte zu finanzieller Freiheit und die vier Schlüssel zu einer glücklichen Ehe. Vielleicht hat man dir gesagt, dass es fünf Arten von Gebeten und sieben geistliche Disziplinen gibt. Im örtlichen Buchladen findest du bibelfundierte Ernährungs- und Fastenratgeber und christliche Fitnessprogramme (Achtung! Bald erscheint mein Buch: *Pontius Pilates: Fit werden auf die römische Art!).* Offenbar kann man noch nicht einmal Essen kochen oder seine Bauchmuskeln trainieren, ohne einen Prediger zurate zu ziehen!

Langsam, aber sicher bekommen wir vielleicht den Eindruck, dass es beim Christsein größtenteils um *Leistung* geht. Wir fangen an zu glauben, dass wir Formeln oder lange Listen mit Anweisungen brauchen, um »gute« Christen zu sein – um mit Gott ins Reine zu kommen und im Reinen zu bleiben.

Das ist anstrengend!

## Verzwirbeltes Gerede

Klar, wir Christen könnten uns toll fühlen, weil wir wissen, dass wir auf dem Weg in den Himmel sind. Aber insgeheim plagt viele von uns der Gedanke, was wir für Gott tun sollten und wie viel wir eigentlich *nicht* für ihn tun. Auf subtile Weise hat man uns eine lange »Was-wir-für-Gott-tun-müssen«-Liste vorgesetzt, und wenn man sich die unterschiedlichen christlichen Lehren heutzutage anhört, scheinen die »Werkseinstellungen des Glaubens« nicht einfach, sondern kompliziert zu sein. Hast du dir jemals die Zeit genommen, um über die verschachtelten, leeren Ideen nachzudenken, bei denen wir mittlerweile gelandet sind?

Hier sind einige Beispiele:

- Wir sind zwar nicht unter dem Gesetz des Alten Testaments, aber wir sollten es dennoch als einen »Kompass« benutzen, der uns leitet.
- Wir dürfen freiwillig, aus ganzem Herzen geben, nicht unter Druck, aber es sollten schon wenigstens zehn Prozent sein.
- Wir können zwar nicht »vollkommen sein«, wie Jesus es uns lehrte, aber wir sollten uns trotzdem anstrengen, einem Maßstab gerecht zu werden, dem wir nicht gerecht werden können.
- Unser altes Sünder-Ich ist mit Christus gestorben, aber wir sind immer noch Sünder, die sich selbst sterben müssen.
- Durch das Blut Jesu ist uns vergeben und sind wir reingewaschen, und dennoch müssen wir Gott jeden Tag um Vergebung und Reinigung bitten.
- Die Strafe für unsere Sünden fiel auf Christus, doch Gott wird uns trotzdem für unsere Sünden richten.
- Durch das Opfer Jesu sind wir bereits mit Gott im Reinen, doch beim Abendmahl müssen wir uns prüfen, »um mit Gott ins Reine zu kommen«.
- Gott hat uns zum Heil erwählt, doch es fühlt sich vielleicht so an, als hätten *wir* Gott erwählt … aber das werden wir erst im Himmel richtig verstehen können.

Siehst du, was ich sehe? Ist *das* die Wahrheit, die uns frei macht? Nein, das ist ein Haufen zweideutiges Gerede! Ist mir vergeben oder nicht? Bin ich frei oder nicht? Bin ich eine neue Schöpfung oder nicht? Bin ich Gott nahe oder nicht? Ohne definitive Antworten auf diese Fragen werden wir uns nie mit Gott entspannen können. Und wir können nicht wissen, was es bedeutet, täglich aus der Ruhe zu *leben*.

Gottes Weg ist viel einfacher: »Und jetzt befürchte ich, dass genauso wie die Schlange mit ihren gewieften Sprüchen Eva verführt hat, *ihr von der einfachen Reinheit eurer Liebe für Christus weggelockt werdet*« (2Kor 11,3 The Message). Was also ist, wenn die Dinge gar nicht kompliziert und verwirrend sein müssen? Was, wenn eigentlich alles so einfach sein sollte, dass sogar ein Kind es verstehen kann?

Wenn wir Mühe mit der Vorstellung haben, uns mit Gott zu entspannen, kann unsere aktuelle »Programmierung« – die Art und Weise, wie wir immer geglaubt oder die Dinge getan haben – versuchen, uns unsere neu gefundene Freiheit zu rauben.

Darum bitte ich dich, dass du beim Lesen dieses Buches die folgenden Fragen im Hinterkopf behältst:

- Glaube ich wirklich, dass Gottes Botschaft durch Jesus *einfach* sein soll?
- Glaube ich wirklich, dass das Evangelium mich an einen Ort echter, geistlicher *Entspannung* bringen kann?

## Das Gegenteil aller Predigten, die du je gehört hast?

Natürlich gibt es jede Menge toller Predigten. Aber eine kurze Suche im Internet ergibt kaum Treffer zu Predigten über das Thema »Entspannen mit Gott« oder über geistliche Ruhe im Allgemeinen. Ich vermute mal, es erscheint uns nicht richtig, im Zusammenhang mit unserem christlichen Glauben auch nur an Entspannung zu denken.

Aber was wäre, wenn ich dir sagen würde, dass es hier etwas unglaublich Paradoxes zu entdecken gibt? Nämlich, dass Werke aus der Ruhe kommen – dass die Art von Werken, die Gott gefallen, eigentlich dann entstehen, wenn wir mit ihm entspannen. Darum sagt uns der Autor des Hebräerbriefs, wir sollen »eifrig bestrebt sein, in jene Ruhe einzugehen« (Hebr 4,11).

*Bemüht* sein zu ruhen? Ja, offensichtlich braucht es das vereinte Bemühen unsererseits, um an den Ort zu kommen, wo wir uns wirklich mit Gott entspannen können.

Bist du dir immer noch nicht sicher, ob Ruhe unser Fokus sein sollte? Nimm dir eine Minute Zeit, um über die Frucht des Geistes nachzudenken – Dinge wie Liebe, Friede, Freundlichkeit, Sanftmut und Geduld (siehe Gal 5,22–23). Glauben wir wirklich, dass diese Dinge aus geistlicher Anstrengung entstehen, solange wir versuchen, unser Bestes zu geben, um sie selbst hervorzubringen? Nein, diese Eigenschaften bilden sich in einer Haltung der Ruhe, bei einer Person, die sich in der Ruhe befindet. Wir sterben der angstgesteuerten Religion, damit wir echte Frucht für Gott bringen können (siehe Röm 7,4). Das ist die tiefgründige Paradoxie geistlicher Produktivität.

Das wahre Evangelium in all seiner Kraft ist demnach sowohl *einfach* als auch geistlich *erholsam*. Man muss nicht viel Neues lernen, um diese Ruhe zu erleben, aber man muss viel Gelerntes über Bord werfen. Unter all den Schichten der Religiosität, die wir über die Jahre angesammelt haben, hat Gott den Saal unseres Herzens bereits mit seiner überschwänglichen Liebe verziert. Wir müssen nur die Schichten dieses verzwirbelten Geredes ablösen, um den vollen Glanz der Gnade Gottes bestaunen zu können.

Während unseres gemeinsamen Weges werden wir gegen den Strom schwimmen. Wir werden einige der falsch verwendeten christlichen Vokabeln und das heute gebräuchliche zweideutige

Gerede zurückweisen. Deine Glaubensvorstellungen werden vielleicht ein wenig erschüttert werden. Aber zusammen werden wir danach streben, die Schuldgefühle abzuschütteln und die echte Freiheit und Entspannung zu finden, über die Jesus gesprochen hat und nach der du dich immer gesehnt hast.

## Warum ich dieses Buch geschrieben habe

»Tu was für Gott. Er braucht dich!«

Das scheint das gängige Mantra vieler in der heutigen christlichen Welt zu sein. Vielleicht stachelt uns das tatsächlich eine Zeit lang zu fanatischem Dienst an, aber am Ende führt es nur zu Burn-out und Enttäuschung. Dieses Buch soll den Schwindel dieser Denkweise aufdecken und die Türen für eine völlig neue Lebensweise öffnen – ein Leben aus der Ruhe.

Viele Christen wollen zwar glauben, dass es im Christsein um Ruhe geht, aber wie kann ich mich entspannen, wenn ich mit einer Lehre bombardiert werde, die für geistliche Unruhe sorgt? Zusammen werden wir die falsche Vorstellung untersuchen, Gott sei darauf angewiesen, dass wir *für* ihn arbeiten. Du wirst lernen, wie das »sanfte Joch« und die »leichte Last« eine geistliche Realität in unserem Alltag werden können und wie ein Leben *aus* Gott *heraus* perfekt mit guten Werken zusammenpasst.

Dir ist wahrscheinlich schon aufgefallen, dass einige Christen sich abrackern, weil sie Gott unbedingt dazu bringen wollen, sie zu mögen, während andere anscheinend glauben, dass Gott bereits mit ihnen zufrieden ist, und sie einfach sie selbst sind. Die eine Gruppe lebt in der Unruhe, während die andere die *Ruhe* genießt.

Viele Christen stellen folgende Fragen:

- *Braucht* Gott meinen Dienst denn gar nicht?
- Wie kann ich mich von Gedanken befreien, die Stress auslösen?
- Jesus hat mir schon für dieses Leben Ruhe verheißen. Ist da was dran?

Die Antworten auf diese Fragen zu erhalten ist wichtig, wenn wir lernen wollen, wer wir sind und wie wir die Beziehung mit Gott genießen können. In diesem Buch werde ich allgemeine Vorstellungen über Gott infrage stellen, die Unruhe stiften, und ohne jeden Zweifel beweisen, dass Gott *will*, dass wir ruhen, und ich werde unseren geistlichen Feind als Urheber religiöser Angstzustände entlarven.

Wenn du also die Nase voll hast von all diesem zweideutigen Gerede und der Heuchelei oder wenn du es einfach satthast, nur zu leben, um anderen zu gefallen, und manchmal am liebsten aufgeben und weglaufen willst: Es gibt einen anderen Ausweg – einen biblischen Weg, einen Weg der Ruhe. *Entspanne dich mit Gott* soll dir helfen, diesen neuen Weg der Ruhe zu entdecken, dich von religiösen Irrtümern abzuwenden und *jeden* Beweggrund in deinem Leben neu zu überdenken.

# 3

# ENTSPANNE DICH: ES GIBT EINE NEUE ART ZU LEBEN!

Die Vorstellung, sich mit Gott zu entspannen, klingt ja nett, aber wie soll das funktionieren?

Die meisten Menschen denken bei Entspannung an eine *Veränderung ihrer Umstände* – ins Kino gehen, in eine tropische Gegend reisen und so weiter. Aber geistliche Ruhe hat eigentlich nichts mit neuen Umständen zu tun. Es geht vielmehr um neue Gedanken inmitten derselben alten Umstände. Und diese neuen Gedanken müssen von dem inspiriert sein, was Gott als *den neuen Bund* bezeichnet.

Es ist folgendermaßen: Du kannst keine Entspannung finden, wenn du versuchst, Jesus in den alten Weg gesetzlicher Religion hineinzuschieben. Das sollen wir nicht tun! Jesus ist noch nicht einmal aus dem richtigen Stamm, um ein alttestamentlicher Priester zu sein. Er hat die falsche Geburtsurkunde, den falschen Pass. Unter dem Gesetz hätte er ein Levit sein müssen, aus dem Stamm Levi. Aber Gott hat die jüdische Welt absichtlich erschüttert. Es war kein Fehler, dass Jesus im Stamm Juda geboren wurde. Es geht einfach darum, dass *notwendigerweise eine Änderung des Gesetzsystems erfolgen muss, wenn das Priestertum verändert wird* (siehe Hebr 7,12).

Wenn wir also mit dem Gesetz liebäugeln, machen wir uns selbst etwas vor. Schau dir Jesus an. Seine Geburt signalisiert einen neuen Weg mit einem neuen Priestertum und einer völlig neuen Einladung, in ihm zu *entspannen*.

## Der neue und bessere Weg

Das Kreuz und die Auferstehung bringen uns etwas Besseres – einen besseren Weg, um mit Gott in Beziehung zu treten (siehe Hebr 8,6). Tatsache ist, dass die Menschen zur Zeit des Alten Testaments es nicht annähernd so gut hatten wie wir. Sie kamen nicht in den Genuss all der Dinge, die wir heute haben. Viele von ihnen haben Überstunden geschoben, um sich Gott hinzugeben und ihn wirklich zu beeindrucken. Und doch sagt uns die Bibel, dass ihre geistliche Erfahrung nicht mit dem zu vergleichen ist, was wir heute haben (siehe Hebr 11,39–40).

Ich finde das wirklich verblüffend, und das solltest du auch!

Denk mal darüber nach. Sie haben sich richtig Mühe gegeben. Sie wurden geächtet, verspottet, geschlagen, gefoltert und manchmal sogar wegen ihres Glaubens getötet. Trotzdem sind wir diejenigen, die in den Genuss eines Lebens auf *dieser* Seite des Kreuzes kommen. Das erscheint nicht fair! Und ich schätze mal aus einer Perspektive des Sich-etwas-Verdienens ist das auch nicht »fair«. Aber wenn du es aus einer Perspektive der unverdienten Gnade siehst, bedeutet das, dass uns die Erfahrung einer innigen Beziehung mit Gott erkauft und geschenkt wurde. Das ist demütigend. Daran haben wir schwer zu schlucken. Dennoch sind wir zu etwas Besserem eingeladen, als dein Lieblingsheld aus dem Alten Testament es sich je hätte vorstellen können (siehe Hebr 8,6; 11,39–40).

Was ist dieser neue und bessere Weg? Es ist ein Vertrag, den Gott mit sich selbst geschlossen hat (siehe Hebr 7,22; 9,15). Ja, es ist eine Zusage, die er Jesus gemacht hat. Das Ganze hat sich innerhalb der Gottheit, unter der Dreieinigkeit abgespielt. Gott schwor Jesus, dass er in alle Ewigkeit Priester dieses neuen Weges sein würde (siehe Hebr 7,21), und durch diese zwei unveränderlichen Dinge – Gott und Jesus – wurde für uns auf dieser Seite des Kreuzes alles anders. Aufgrund der Zusage, die Gott Jesus gemacht hat, sind wir in diesem Leben in einer felsenfesten Hoffnung verankert, von der die Menschen aus dem Alten Testament nur träumen konnten.

Was ist diese neue Zusage, dieser neue Vertrag, dieser neue Weg? Nun, eine kurze Reise durch Hebräer 8 verrät uns Folgendes:

- Beim neuen Weg geht es darum, dass wir Gottes Kinder sind, *auch wenn wir ihm nicht treu sind.*
- Beim neuen Weg geht es darum, dass Gottes Wünsche auf unser *Herz* und in unseren *Sinn* geschrieben werden.
- Beim neuen Weg geht es darum, dass uns *uneingeschränkter Zugang* zu Gott gewährt wird.
- Beim neuen Weg geht es darum, dass unsere Sünden *völlig vergessen* werden.

Wir wachen also jeden Tag auf und genießen etwas, das weder unsere Idee war noch von uns am Leben erhalten wird. Wir dürfen etwas in vollen Zügen genießen, das wir nicht im Geringsten verdienen. Wir dürfen uns darin *entspannen* und Gott einfach dafür danken. Das ist alles, was wir tun *können*!

Es ist so, wie Adam und Eva es anfangs im Garten erlebten. Sie wurden geschaffen, aber erst am sechsten Tag. Sie erschienen

»zu spät«. Gott sagte im Grunde genommen: »Hier ist alles, was ich gemacht habe, und jetzt genießt es. Geht und gebt den Tieren einen Namen, lauft im Garten herum und genießt jedes Stück seiner Schönheit. Die schwere Arbeit ist vorbei.« Es war Gottes Schöpfung, nicht ihre. Er hatte die Arbeit, nicht sie. Sie betraten nur den Schauplatz und sagten erst »Wow!« und dann »danke«.

Das ist im Kern das, was wir tun dürfen. Wir erscheinen auf dieser Seite des Kreuzes, wo alle Arbeit bereits getan ist. Wir blicken auf das vollbrachte Werk Jesu und stimmen mit Gott darin überein, dass es *gut* ist. Und dann entscheiden wir uns einfach, in einem fortwährenden Zustand von »Wow« und »Danke« zu leben. Genau das ist eigentlich Glaube. Der Glaube sagt »wow« und »danke«.

Unter dem alten Weg des Gesetzes galt das genaue Gegenteil. Die Israeliten mussten ihr Bestes geben, um treue Diener Gottes zu bleiben. Schließlich sagte Gott, dass er sich von ihnen abgewendet habe, weil sie es nicht schafften (siehe Hebr 8,9).

Aber bei diesem neuen Weg hat sich all das geändert. Jetzt geht es um das gehorsame Werk Jesu am Kreuz und durch die Auferstehung. Und unser äußerlicher Gehorsam kommt von dem, was Gott bereits in uns wirkt. Selbst unser geistliches Wachstum kommt von Gott, weil er uns bereits damit ausgerüstet hat (siehe Phil 1,6; Kol 2,19; 2Tim 2,13)!

## Erlebe den Unterschied!

Falls du dich je gefragt hast, warum die Dinge im Alten Testament so anders zu sein scheinen, *das* ist der Grund: Es ist derselbe Gott, aber ein anderer Bund. Im Alten Testament kam und ging der Geist Gottes und fiel für bestimmte göttliche Dienste auf die

Menschen. Selbst David, der ein Mann nach dem Herzen Gottes war, musste Gott darum bitten, seinen Geist nicht von ihm zu nehmen (siehe Ps 51,11). Aber keiner der Schreiber des Neuen Testaments hatte Mühe damit, Gottes Gegenwart zu behalten. Warum nicht?

Denk mal darüber nach. Erstens, was war das Einzige, das den Geist Gottes dazu veranlasste, Adam und Eva zu verlassen? Die *Sünde.* Zweitens, was ist das Einzige, das Jesus dazu veranlasste zu sagen: »Mein Gott, warum hast du mich verlassen?« (Mt 27,46)? Die *Sünde* – weil Jesus die Sünde der Welt trug. Drittens, was ist das Einzige, das den Geist Gottes dazu veranlassen würde, dich heute zu verlassen? Die *Sünde.*

Aber was hat Jesus mit unserer Sünde gemacht? Er hat sie für immer weggenommen (siehe Joh 1,29; Hebr 10,14). Das ist der Grund, warum der Geist Gottes uns nie mehr verlassen wird.

Bäm! Das ist der einfache, logische und befreiende Unterschied bei Gottes neuem Weg der Gnade – eine dauerhafte Beziehung, das dauerhafte Innewohnen des Geistes Gottes, ganz egal, was geschieht. Ja, selbst wenn wir Sünden begehen, erinnert er sich nicht mehr an sie (siehe Hebr 8,12). Selbst wenn wir äußerst ungehorsam sind, bleibt er treu. Der Heilige Geist ist in uns versiegelt, in alle Ewigkeit, und er wird uns nie verlassen oder im Stich lassen (siehe Eph 1,13–14; Hebr 13,5).

Was also soll das Ergebnis all dessen sein?

»*Ahhhh.*« Ein großer Seufzer der Erleichterung. Wir lassen den Glanz des neuen Bundes auf uns wirken und feiern ihn mit Erstaunen.

Wir *entspannen* uns in der großen Schönheit der vollkommenen Zusagen Gottes.

Der ganze religiöse Stress ist schlicht unnötig. Dieser alte Weg gilt heute nicht mehr. Und keiner (im Ernst, keiner!) könnte ihn je zum Funktionieren bringen (siehe Apg 13,39; Röm 3,28; Gal 2,16; 3,11). Er war schwach und ist jetzt überholt und nutzlos (siehe Hebr 7,18; 8,13). Eine kurze Reise durch Hebräer 7–10, und jeder kann es sehen.

Dennoch scheint es, als wären viele der heutigen Gemeindeleiter blind für den Fokus des neuen Bundes. Aber schau, es gibt wirklich nur *einen* Dienst – den neuen Bund –, und nichts anderes (siehe 2Kor 3,6). Wenn Gemeinden damit anfangen, Menschen einen anderen Dienst zu bringen, führt das unweigerlich zu irgendeiner Form von gesetzlichem Lebensstil. Es mag ein angepasstes, religiöses Gesetz sein. Es mag Gesetz unter einem christlichen Mäntelchen sein. Aber wenn es die Botschaft ist: »Tut mehr und seid mehr, damit Gott euch segnet«, ist es das Gesetz. Das Gesetz ist jedes Glaubenssystem, in dem Gott uns erst segnet, *nachdem* wir unser gutes Verhalten unter Beweis gestellt haben. So sind es vielleicht keine 613 jüdischen Gesetze, die uns unverhohlen ins Gesicht starren, aber es ist trotzdem das Gesetz. Das Gesetz ist eine Haltung, eine geistliche Einstellung des »Sich-etwas-Verdienens« und »Etwas-leisten-Müssens«. Und eine Mentalität des Gesetzes wird nie, niemals zulassen, dass wir uns mit Gott *entspannen*.

Wenn du wirklich etwas anderes erleben willst, musst du diese ganze Mentalität des »Müssens« und die damit verbundenen religiösen Regeln über Bord werfen. Bist du bereit, über Gottes neuen Weg des »Wollens« nachzudenken (siehe Kol 2,20–23), um zu sehen, was das für dich persönlich bedeuten könnte?

## *Alles* ist inspiriert!

Ich kann hören, wie manche denken: »Er will damit sagen, dass wir das Alte Testament aus unserer Bibel herausreißen sollen!« Das will ich damit überhaupt nicht sagen. Ich sage, dass die gesamte Bibel das inspirierte Wort Gottes ist, aber wir können, so wie jeder andere auch, einen Krabbencocktail genießen. Und ich sage, dass es kein Thema ist, wenn wir am Freitagabend E-Mails verschicken oder am Samstag im Garten arbeiten (und damit das Sabbatgebot nicht einhalten). Doch ist das 3. Buch Mose nicht auch von Gott inspiriert? Natürlich ist es das! Aber du hast, wie ich, sicherlich schon herausgefunden, dass das Leben auf dieser Seite des Kreuzes (mit einer Mentalität des Neuen Testaments) unsere *Sicht auf das Gesetz des Alten Testaments verändert.*

Wir sollten also transparent sein, was unsere Beziehung mit dem Gesetz anbelangt. Wir sollten kein Blatt vor den Mund nehmen. Ja, das Gesetz des Alten Testaments ist das Wort Gottes. Aber dieser alte Bund ist jetzt überholt und hat überhaupt keine Herrlichkeit mehr verglichen mit dem neuen Bund (siehe 2Kor 3,10; Hebr 8,13).

Nicht zu vergessen, dass dir als Heide (Nichtjude) das Gesetz überhaupt nie gegeben wurde! In Epheser 2 steht, dass die von uns, die Heiden sind, keine Hoffnung und keinen Bund hatten. Wir sind nie zum Gesetz eingeladen worden.

Denk mal kurz darüber nach. Es gibt eine Menge Diskussionen über Gesetz und Gnade. Sollten wir einen *Teil* des Gesetzes übernehmen? Brauchen wir denn nicht eine Balance zwischen Gesetz und Gnade? Und in Wirklichkeit sind 99 Prozent der Menschen, die über dieses Thema diskutieren, Heiden. *Für uns als Heiden gilt nur der neue Bund oder gar nichts.*

Wir sollten also alles von 1. Mose bis zur Offenbarung genießen, in dem Wissen, dass alles inspiriert ist. Aber wir sollten auch das überraschende Ende der Geschichte anerkennen – das Kreuz und die Auferstehung! Dieses überraschende Ende bewegt uns dazu, zum Anfang der Geschichte zurückzukehren und sie *neu zu interpretieren* – im Lichte all dessen, was jetzt offenbart worden ist. Wir schauen uns also den alten Bund, der jetzt überholt ist, durch die Brille des neuen Bundes an. Es gibt einfach keinen anderen Weg, sich mit Gott völlig zu entspannen.

TEIL 1

# ENTSPANNE DICH: DAS KREUZ IST ENDGÜLTIG

4

# DU BIST TOT FÜR DIE RELIGION DES GESETZES

Das jüdische Gesetz ist nur *eine* »Geschmacksrichtung« eines gesetzlichen Lebensstils. Es ist ein strenger und in der Tat vollkommener Maßstab, der Israel vor langer Zeit von Gott gegeben wurde. Aber wie jedes strenge Regelsystem zeigt das Gesetz nur, wer die Heuchler sind. Nur dazu ist es da. Das Gesetz löst religiöse Träume auf und bringt jeden zum Schweigen, indem es offenbart, dass er Gefangener der Sünde ist. Die Bibel offenbart, dass ein Leben unter dem Gesetz dem Leben unter einem Fluch gleicht (siehe Röm 2,21–24; 3,19–20; Gal 3,10.19–24)!

Trotzdem sehen wir heute immer noch Prediger und Lehrer, die sich am Buffet des Gesetzes anstellen, um dort ihr Lieblingsessen zu bestellen. Die einen entscheiden sich für den Zehnten. Die anderen für den Sabbat. Selbst wenn sie sich nicht für diese beiden entscheiden, wählen sie die neun »moralischen Gesetze« über das Lügen, Stehlen, Begehren und so weiter und werfen sie uns auf die Teller. Sie bemerken gar nicht, wie sehr ihre Auswahl uns alle niederdrückt. Und es erscheint *so* unschuldig. Was ist schließlich falsch daran, ein paar moralische Gesetze über sich zu haben, die einen auf dem rechten Weg halten?

Doch offensichtlich holt man sich mit den Zehn Geboten auch die Verdammnis in sein Leben. Ich erfinde das nicht. Schlag deine Bibel bei 2. Korinther 3,7 auf und lies, was dort steht – dass das Gesetz ein Dienst der Verdammnis und des Todes ist. Und dann frag dich: »Über welchen Teil des Gesetzes spricht Paulus hier?« Die Antwort ist … (Trommelwirbel) … die Zehn Gebote! Ja, er spricht ausdrücklich über den Teil des Gesetzes, der *in Stein gegraben* war. Und wir alle wissen, dass *nur* die Zehn Gebote in Stein gegraben waren. Folglich sind die Zehn Gebote an sich ein Dienst der Verdammnis und des Todes. Daran gibt es einfach keinen Zweifel.

Doch warte, das war noch nicht alles. In Römer 7 lesen wir, dass die Sünde tot war ohne das Gesetz (siehe V. 8). Wenn wir aus den Klauen der Sünde entkommen wollen, muss das *ohne* das Gesetz geschehen. Nicht mit einem *Teil* des Gesetzes, sondern *ohne* das Gesetz. Das ist ein großer Unterschied.

Frage dich auch beim Lesen von Römer 7,8 wieder: »Von welchem Teil des Gesetzes spricht Paulus hier?« Die Antwort lautet wiederum … (Trommelwirbel, bitte!) … die Zehn Gebote! Woher wir das wissen? Nun er spricht über die Begierde und wie er unter dem Gesetz am Ende Begierden aller Art entwickelte. Das Gebot »Du sollst nicht begehren« ist eines der Zehn. Wir sehen also auch hier, dass, wenn wir die Zehn Gebote in unser Leben einladen, wir der Sünde die Erlaubnis geben, in unserem Leben lebendig zu sein und zu gedeihen. Nur *ohne* die Zehn Gebote ist die Sünde tot.

## Alles oder nichts

Seltsam. Gegen unsere Intuition. Etwas, das wir uns nie hätten träumen lassen.

Ja, falls wir uns eine Religion ausdenken sollten, die die Welt zu befolgen hätte, müssten wir nur eine lange Liste von Regeln einbeziehen, um alle zu »motivieren«. Doch Gott verkündet die erstaunliche Tatsache, dass Menschen, die unter Regeln stehen, versuchen ihr Bestes zu geben, um gutes Verhalten zu produzieren, am Ende aber jedes Mal dumm dastehen (siehe Röm 5,20; 7,5.8; 2Kor 3,7; Kol 2,20–23).

Das andere ist: Wenn wir am Buffet des Gesetzes anstehen, dürfen wir uns sowieso nicht die Rosinen herauspicken. Nein, entweder müssen wir alles nehmen oder nichts, nicht hier ein bisschen und dort ein bisschen. Sowohl der Jakobus- als auch der Galaterbrief sagen uns, dass wir unter dem Fluch des Gesetzes sind, wenn wir es nicht vollständig einhalten (siehe Jak 2,10; Gal 3,10).

Selbst wenn du nur in einer winzigen Kleinigkeit versagst, bist du geliefert. Das bedeutet das Gesetz für dich. Es geht also nicht um die Zehn Gebote, oder die Neun Gebote, wenn wir das mit dem Sabbat weglassen. Nein, es geht um ganze 613 Gesetze, wenn du dich *wirklich* darauf einlassen willst. Ansonsten, verlass das sinkende Schiff und spring auf den Gnadenzug auf!

Ganz egal, mit welchem Teil des Gesetzes wir liebäugeln, es offenbart im Grunde genommen nur unsere völlige Respektlosigkeit vor dessen Vollkommenheit. Nur wer sich für die Gnade entscheidet, erkennt wirklich den vollkommenen und unmöglichen Maßstab des *gesamten* Gesetzes an. Alle anderen machen sich selbst nur etwas vor.

Ich bin mir nicht sicher, ob der Gott des Universums es deutlicher ausrufen könnte: Wir sind dem Gesetz gestorben, damit wir endlich echte Frucht für ihn bringen können! Alles andere ist nur eine Illusion der Selbstverbesserung. Christus bereitet dem Gesetz ein dramatisches Ende – für uns. Und wenn wir nach unserer Hochzeit mit Christus zurückkehren und uns für das Gesetz entscheiden, beleidigen wir damit den Sohn Gottes höchstpersönlich (siehe Röm 7,4; 10,4; Gal 5,2–4). Wir betrügen Jesus! Warum in aller Welt sollte denn einer von uns denken, unsere moderne Version des Lebens unter dem Gesetz wäre effektiver oder weniger beleidigend?

Nun, ich sage damit nicht, dass das Gesetz das Zeitliche gesegnet hat oder so, also komme mir jetzt nicht mit Matthäus 5. Ich glaube, uns ist allen bewusst, dass das Gesetz *nicht* gestorben ist. Jesus selbst sagte, dass nicht einmal das kleinste Stückchen vom Gesetz jemals vergehen würde, solange Himmel und Erde Bestand haben (siehe Mt 5,17–19), und soweit ich weiß, sind Himmel und Erde noch da. Das Gesetz ist also nicht gestorben, aber *wir* sind dem Gesetz gestorben. Unsere Rolle ist es jetzt, uns ihm gegenüber tot zu verhalten, weil wir ihm gegenüber tot *sind.* Es gilt für uns als Gläubige einfach nicht.

Also ja, das Gesetz ist immer noch da, und es wird demnächst auch nicht verschwinden. Es ist in jeder Hinsicht heilig und vollkommen (siehe Röm 7,12). Und es ist äußerst nützlich, den Dreck auf dem Gesicht der Menschheit sichtbar zu machen. Aber es kann ihn nicht wegwischen!

Nun, das Gesetz ist sicherlich nicht tot. Es ist ausgesprochen lebendig und kann uns anfangs zeigen, wie sehr wir Jesus brauchen (siehe Gal 3,24). Und wenn wir nicht unter jeder Menge Moses aufgewachsen sind, dann ist es unser Gewissen, das uns überführt (siehe Röm 2,15). Aber wir sollten deutlich sein: *Sobald wir bei un-*

*serer Errettung in Christus hineinversetzt werden, sterben wir dem Gesetz völlig ab und werden in Christus wiederauferweckt, vom Geist geleitet und ohne Notwendigkeit für das Gesetz in unserem Leben* (siehe Röm 6,14; 7,12; Gal 3,23-25; 5,18; 1Tim 1,7–9).

Das ist gewaltig!

Ich weiß nicht, warum dieses Thema historisch gesehen so stark diskutiert wurde. Es ist wirklich ziemlich einfach, und gar nicht kompliziert. Wahrscheinlich ist genau das der Grund, warum es so viele übersehen. Wir wollen die Dinge anspruchsvoll machen. Wir wollen Experten in der Komplexität der Religion sein, also zerstückeln wir das Gesetz Gottes, sodass wir es genau so hinbekommen, wie es uns gefällt. Dann sagen wir, dass ein *Teil* davon für uns gilt. Wir nehmen die Zehn Gebote. Oder wir lassen den Sabbat weg und machen die Neun Gebote daraus. Oder wir nehmen noch den Zehnten dazu und sagen: »Schau mal, die neuen Zehn Gebote!«

Aber es sollte so sein: Wir sind für das Gesetz tot (siehe Röm 7,4); wir sind nicht unter dem Gesetz (siehe Röm 6,14; Gal 5,18); Christus ist für uns das Ende des Gesetzes (siehe Röm 10,4).

Schlicht und einfach.

Doch das Problem, das nicht zu verstehen, ist schon *sehr* alt. Wir sehen das im Galaterbrief, als Paulus die Beschimpfungen auspackte: »Ihr törichten Galater!« (Gal 3,1 NEÜ). Ihm ging es darum, dass diese Sache für uns alle einfach sein sollte. Wir sind töricht, wenn wir es so kompliziert machen. Unsere Beziehung mit dem Gesetz ist völlig vorbei; wir sind für es gestorben, Punkt (siehe Röm 7,4; Gal 3,25).

Wir dienen Gott auf eine völlig andere Weise – in Freiheit. Wir können es uns leisten, in einem Umfeld zu leben, das frei vom Gesetz ist, weil wir vom Geist Gottes geleitet werden. Das ist kein mystisches, weltfremd geartetes Leben. Es ist ebenfalls einfach.

Es ist einfacher, von dem Glauben an eine Person, die in uns lebt, motiviert und inspiriert zu sein, als die ganze Zeit über 613 Gesetze im Gedächtnis behalten zu müssen (siehe Röm 7,6; Gal 5,13.18). Da wären Kopfschmerzen vorprogrammiert …

## Und was ist mit unserem Verhalten?

Und doch gibt es im christlichen Glauben *eine Art von* Gesetzen. Schließlich wissen wir, dass Gottes Wünsche in die Ummantelung unseres geistlichen Herzens eingeprägt wurden. Doch eine kurze Runde durch den 1. Johannesbrief offenbart, dass diese Gesetze beinhalten, an Jesus zu glauben und andere zu lieben. Kurz gesagt, *glauben* und *lieben* (siehe 1Joh 3,23).

Das sind die Gesetze, die auf unser Herz geschrieben wurden – nicht die 613 Gesetze des Judentums. Johannes sagt, dass diese Gebote »nicht schwer« sind (siehe 1Joh 5,3).

Selbst die Idee, »unseren Nächsten zu lieben wie uns selbst«, ist *nicht genau* das, was auf unsere Herzen geschrieben ist. Nein, dieses Gebot wurde als eines der zwei größten Gebote *im Gesetz* bezeichnet (siehe Mt 22,36–40). Das ist also immer noch das Gesetz. Im Gegensatz dazu besteht das »neue Gebot«, das Jesus eingeführt hat, darin, andere so zu lieben, wie er uns liebt (siehe Joh 13,34; Röm 13,8–10; 1Joh 3,23). Das ist der neue Weg – wir baden in seiner Liebe für uns und geben sie dann an andere weiter. Klingt das schwer für dich?

Manch einer mag sagen: »Komm schon, im Neuen Testament gibt es tonnenweise Verhaltensregeln, also tun wir jetzt nicht so, als gäbe es für uns keine Regeln zu befolgen.«

Nun, es gibt in der Tat jede Menge Verhaltensverse. Doch ich schätze, es kommt darauf an, wie du sie siehst. Um den Unterschied zwischen dem Gesetz des Alten Testaments und den Anweisungen des Neuen Testaments zu sehen, frage dich: Was passiert, wenn ich sie nicht befolge? Welche Konsequenzen hat es, wenn ich sie nicht einhalte? Das Gesetz des Alten Testaments und die Gnade des neuen Bundes werden dir darauf zwei ganz unterschiedliche Antworten liefern!

Der alte Bund sah unter dem Gesetz schwere Strafen für Ungehorsam vor, den Tod eingeschlossen. Doch unter dem neuen Bund hat Jesus durch seinen Tod am Kreuz die Strafe vollständig auf sich genommen (siehe Röm 8,1; Hebr 9,28; 1Petr 2,23). Das ist doch schließlich der Grund für seinen Tod, nicht wahr? Unsere Strafe auf sich zu nehmen und den Preis an unserer Stelle vollständig zu bezahlen. Wenn wir also nicht nach Gottes Anweisungen unter dem neuen Bund leben, werden wir trotzdem die irdischen Konsequenzen ernten, aber der allmächtige Gott wird uns nicht mit Bestrafung überhäufen. Denk daran: Wenn doch, dann wäre der Lohn der Sünde unser Tod, nicht nur ein Klaps auf die Finger. Nein, Gott würde Tod verteilen. Gott sei also Dank, dass Jesus an unserer Stelle gestorben ist, und Gott sei Dank für diesen neuen Weg der Gnade!

Natürlich ist es sehr weise, sich an Gottes Anweisung zu halten. Wenn wir das tun, genießen wir das Vorrecht, sein Leben weiterzugeben und den Menschen in unserem Umfeld seine göttliche Natur zu zeigen. Wir vermeiden ebenfalls, viel Zeit und Anstrengung damit zu verschwenden, in die falsche Richtung zu gehen (siehe Röm 6,21; 1Kor 10,23).

Wenn wir so dumm sind, in einem bestimmten Augenblick den falschen Weg zu wählen, geht Gott mit uns weiter. Er ist in uns, egal was geschieht, und wenn wir fallen, sammelt er zusammen mit uns die Scherben auf. Er verlässt uns nie.

Das ist der Hauptunterschied zwischen einer Beziehung mit Gott, derer wir uns nicht sicher sein können (wofür sich manche heute einsetzen), und dem radikalen, neuen Weg der Gnade, den wir genießen dürfen.

## Das große Ganze

Für das Gesetz sind wir tot. Wir sind nicht unter dem Gesetz. Wir befinden uns nicht unter seiner Vormundschaft. Christus ist für uns das Ende des Gesetzes. Wir werden vom Heiligen Geist geleitet: »Wenn ihr aber vom Geist geleitet werdet, so seid ihr nicht unter dem Gesetz« (Gal 5,18). In diesem Vers geht es *nicht* um unsere Errettung. Nein, es geht darum, was unser Verhalten *führt* und *leitet*. Wir werden vom Geist Gottes geleitet, und nicht vom Gesetz.

Das Gesetz ist nicht der Ausgangspunkt und das Gesetz ist auch nicht das Ziel. Der Ausgangspunkt für ein rechtschaffenes Leben besteht darin, Jesus zu kennen. Jesus zu kennen ist auch unser höchstes Ziel. Manche christlichen Lehrer behaupten, dass der Heilige Geist uns, jetzt da er in uns lebt, helfen wird, das Gesetz zu befolgen. Doch nichts könnte der Wahrheit ferner liegen! Die gerechten Maßstäbe des Gesetzes wurden von Christus Jesus bereits völlig »erfüllt« (siehe Röm 8,3–4), sodass wir sie nicht mehr erfüllen müssen! Kurzum, Gott hilft uns nicht dabei, keine Schweinekoteletts oder Krabbencocktails zu essen; und Gott hilft uns auch nicht dabei, am Sabbat nicht zu arbeiten (eins der Zehn Gebote). Ja, Gott bewirkt in uns, die Frucht seines Geistes hervorzubringen, aber das Gesetz ist weder der Ausgangspunkt *noch das Ziel.*

Denk daran, dass viele Christen in der ersten Gemeinde Heiden waren und daher noch nie etwas von Mose gehört hatten und auch keine Ahnung hatten, worum es bei diesen 613 Forderungen des Gesetzes überhaupt ging. Ihnen war nur wichtig, dass sie die Frucht des Geistes trugen. Jesus Christus war ihr *Ausgangspunkt,* und ihn und seine Frucht zu kennen war ihr *Ziel.* Dasselbe sollte auch für uns heute gelten!

Seien wir also ehrlich: *Wer behauptet, er sei frei von dem zeremoniellen Gesetz, sich aber noch vom moralischen Gesetz leiten lässt, will Jesus wegen seines Blutes und nicht wegen seines Lebens.* Doch egal, was derjenige sagt, die Tatsache bleibt bestehen: Wir werden vom Geist geleitet, und nicht vom Gesetz (siehe Gal 5,18).

5

# VÖLLIGE VERGEBUNG

Lass uns offen reden. Der ganze Weg des Alten Testaments war unschön, unappetitlich und manchmal auch barbarisch. Als das Gesetz gegeben wurde, spritzte Mose Blut über die Schriftrolle und dann – stell dir das mal vor – über das gesamte Volk (siehe Hebr 9,19).

Das ist ein Gottesdienst, den ich mir lieber entgehen lassen würde!

Aber dieses blutige, unschöne System wurde aus einem bestimmten Grund eingeführt. Ob dir das gefällt oder nicht, es signalisiert uns etwas sehr Wichtiges – Gottes Wirtschaftssystem des Blutes. In Hebräer 9,22 steht, dass es ohne Blutvergießen keine Vergebung gibt. Nun, welche Schlüsse ziehen wir daraus für uns? Es ist heute immer noch so – ohne Blutvergießen gibt es keine Vergebung. Wenn wir jetzt eins und eins zusammenzählen, entsteht folgendes Bild:

- Nur *Blut* bringt Vergebung.
- Jesus hat sein Blut *einmal* vergossen, und es muss nicht wiederholt werden.
- *Alle* unsere Sünden wurden uns *einmal* vergeben.

Lass es mich so ausdrücken: Jesus stirbt nicht jeden Tag aufs Neue, also wird auch uns nicht jeden Tag, Stück für Stück vergeben (siehe Hebr 9,25–29). Gott wird uns zu keinem Zeitpunkt in der Zukunft erneut ein Maß seiner Vergebung zukommen lassen, denn es wird nie wieder mehr Blut für unsere Sünden vergossen werden. Mit anderen Worten, es ist vollbracht. (Kommt dir das bekannt vor? Lies Johannes 19,30.) *Wir haben bereits alle Vergebung erhalten, die wir je brauchen werden!*

Darum stellt der Hebräerbrief das, was Jesus vollbracht hat (»ein für alle Mal«), dem niemals endenden Weg des Alten Testaments gegenüber. Der Schreiber ruft aus: »Er braucht nicht *täglich* Opfer zu bringen, wie es die anderen Hohen Priester zunächst für ihre eigenen Sünden und dann für die Sünden des Volkes tun mussten, sondern er tat dies *ein für alle Mal*, als er sich selbst am Kreuz opferte« (Hebr 7,27 NLB). Es ist also einfach. Ein Opfer für alle Sünden bedeutet Vergebung, und zwar nicht jeden Tag aufs Neue, nicht Stück für Stück, sondern *ein für alle Mal!*

Doch die Bewohner des Planeten Erde handeln ganz anders als Gott. Hier, unter uns Homo Sapiens, wollen wir Reue im Herzen und eine Entschuldigung über die Lippen kommen sehen. Dann, und nur dann, rücken wir mit dem begehrten Satz heraus: »Ich vergebe dir.« Im Gegensatz dazu ging es Gott immer nur um Blut, nicht um Worte. Schon in 3. Mose Kapitel 9 sehen wir, wie Aaron an einem Altar Blutsopfer für sich und alle Israeliten bringen musste. Doch der Hebräerbrief enthüllt, dass diese Opfer, obwohl sie immer wieder, jahrein jahraus gebracht wurden, *niemals Sünden wegnehmen* konnten (siehe Hebr 10,4.11). Sie *deckten* die Sünden nur *zu* (oder sühnten sie), ohne sie je wegzunehmen. Erst durch Christus Jesus wurden die Sünden weggenommen. Die einzige Möglichkeit für jeden Menschen, jemals »ein für alle Mal gereinigt« zu sein, liegt in Jesus (Hebr 10,2 NLB).

Dass Sünden vollständig weggenommen wurden, gab es unter dem Gesetz nie (siehe Hebr 10,4.11). Darum war Johannes der Täufer so begeistert, als er ausrief, dass Jesus das Lamm Gottes ist, »das die Sünde der Welt *wegnimmt*« (Joh 1,29 NLB). Aus diesem Grund freute sich der Schreiber des Hebräerbriefs so sehr, dass Jesus einmal geopfert worden war, um die Sünden »wegzunehmen« (9,28). Eine solche Meisterleistung – eine völlige Wegnahme – hatte es noch nie gegeben!

## Verstehen wir das überhaupt?

Doch ganz gleich, wie großartig diese Meisterleistung auch war, wir verstehen sie offensichtlich nicht. Die Katholiken gehen zur Messe, um Vergebung zu »bekommen«, wenn das Brot und der Wein der Heiligen Kommunion sich in ihnen angeblich in Jesu Leib und Blut verwandeln. Um sich auf die Messe vorzubereiten, gehen sie vielleicht zur Beichte. Irgendwo zwischen ihrer Beichte und dem rituellen Mahl glauben sie, Reinigung zu erfahren – wöchentlich, monatlich oder, für die nicht ganz so Hingebungsvollen, zumindest an Ostern und Weihnachten.

Nun, die Protestanten glauben vielleicht, sie machten es viel besser. Sie kichern bei dem Gedanken, dass ein menschlicher Priester oder eine bestimmte Zeremonie notwendig seien, damit sie heute Gottes Vergebung erhalten. Sie sagen: »Ich gehe direkt zu Gott, und wenn ich Gott meine Sünden bekenne, vergibt er mir und reinigt mich jedes Mal, wenn ich ihn darum bitte.«

Die Sache ist jedoch: *Beide* Systeme ignorieren, dass unsere Sünden »ein für alle Mal« weggenommen wurden. Das katholische und das protestantische System, wie oben beschrieben, legen uns sogar *noch mehr Fesseln* auf, als es das jüdische Gesetz je tat!

Mir ist klar, dass das eine krasse Behauptung ist, aber denk mal darüber nach. Der Jude ging wenigstens nur *einmal im Jahr* zum Versöhnungstag, an dem er Sühnung für die letzten 365 Tage der Sünde erhielt. Doch Katholiken und Protestanten strengen sich weitaus mehr an, wenn sie versuchen, Vergebung zu erhalten – wöchentlich oder monatlich bei der Messe (die Katholiken) oder, noch schlimmer, *Sünde für Sünde* durch direktes Bekennen vor Gott (die Protestanten).

In beiden Fällen glauben weder die Katholiken noch die Protestanten daran, dass das Opfer Jesu Christi »ein für alle Mal« erfolgt ist und keine Wiederholung braucht. Am Ende spielt es keine Rolle, ob wir zu einem menschlichen Priester oder direkt zu Gott gehen, damit uns schrittweise (Stück für Stück) »vergeben wird«; *Jesus teilt die Vergebung nämlich nicht der Reihe nach aus* (Hebr 9,25).

Entweder hast du das »Ein für alle Mal« oder rein gar nichts.

## Wozu verpflichtest du dich?

Werde dir klar darüber, wozu du dich verpflichtest, wenn du die Vergebung nicht beachtest, die uns in Christus »ein für alle Mal« angeboten wird. Stell dir mal vor, du wärst dafür verantwortlich, dich an jede Sünde zu erinnern und jede Sünde zu bekennen, damit Gott dir vergibt. Was ist, wenn du auch nur eine vergessen hast? Stell dir mal vor, dir wären nur die Sünden vergeben, für die du Buße getan hast und die du in deinem Leben zunehmend überwunden hast. Was ist, wenn du stirbst, bevor du es geschafft hast, ein bestimmtes Sündenproblem zu lösen? Das Ganze führt zu Stress und Angst, und nicht dazu, im vollbrachten Werk Jesu zu entspannen. Es darf nur um das Blut Jesu gehen. Alles andere ist sinnlos!

Vergebung erhalten wir nicht wegen unseres guten Gedächtnisses, unserer vielen Worte oder irgendeiner Zeremonie. Denk daran, in diesen Momenten wird *kein Blut* vergossen, aber ohne Blut gibt es keine Vergebung. Es ist also das einmalige Opfer Jesu, das uns Vergebung gebracht hat, und es ist vollbracht (siehe Joh 19,30). Es ist vorbei. Dir ist vollständig vergeben.

Während religiöse Systeme uns vielleicht sagen, wir müssten immer wieder mit Gott ins Reine kommen, offenbart der neutestamentliche Weg der Gnade, dass Jesus das *hilasterion* (die Sühne; siehe 1Joh 2,2) war, die Gabe, die völlig besänftigt. Und wenn Gott durch das Opfer seines Sohnes besänftigt ist, wer sind wir dann, dass wir mit ihm debattieren wollen?

Das ist genau der Grund, warum die Stellen im Neuen Testament, die über unsere Vergebung sprechen, in der *Vergangenheitsform* stehen. Egal ob im Epheser-, Kolosser-, Hebräer- oder 1. Johannesbrief, viele Abschnitte sagen aus, dass Gott uns alle unsere Sünden »vergeben hat« (Eph 4,32; Kol 2,13; Hebr 10,18; 1Joh 2,12). Es steht in der Vergangenheitsform, weil in diesem Zusammenhang nichts Neues geschehen wird.

Denk mal darüber nach: Als Christus starb, waren alle deine Sünden noch in der Zukunft. Wenn es um das Blut Jesu Christi geht, gibt es keinen Unterschied zwischen den Sünden *vor* unserer Errettung und den Sünden *nach* unserer Errettung. Stell dir mal vor, dem wäre so! Stellt dir das Evangelium *nach* deiner Errettung in Wirklichkeit *weniger Kraft* zur Verfügung? Was das Kreuz angeht, werden die Sünden nach der Errettung irgendwie anders behandelt? Wenn das wahr wäre, wäre es die beste Strategie, dich erst kurz vor deinem letzten Atemzug erretten zu lassen. Dann jedenfalls müsstest du nicht schon lange vor der Begegnung mit deinem Schöpfer »deine Reinigung managen«.

Dieses Szenario ist absurd, ebenso wie das dazugehörige Glaubenssystem.

## Einige Gedanken zum Thema Bitten und Reue

In keinem der neutestamentlichen Briefe ist der Ausdruck »um Vergebung bitten« zu finden. Tatsächlich ist es sogar so: Während dieser Ausdruck im Koran ungefähr ein Dutzend Mal auftaucht, steht er in der Bibel an keiner einzigen Stelle! Obwohl es ein sehr religiöser Zug ist, um Vergebung zu bitten, ist es eine schlichte Tatsache, dass Gott innerhalb eines auf Blut basierenden Wirtschaftssystems handelt – es geht also nicht ums Bitten.

Wenn manche jedoch hören, dass das Bitten um Vergebung nicht erforderlich und unbiblisch ist, gehen in ihrem Kopf sofort alle Warnlichter an. Manche denken, dass es bedeutet, dass wir jede Reue über unsere Sünden ausrotten, wenn wir nicht um Vergebung bitten. Ich will aber gleich sagen, dass *unsere Reue über eine begangene Sünde völlig normal ist und im Leben als Christ auch erwartet wird.*

Was sollen wir tun, wenn wir sündigen? Damit aufhören. Uns davon abwenden. Anders handeln (siehe Eph 4,28). Alles in Ordnung bringen, wenn wir jemanden verletzt haben (siehe Röm 12,18; Jak 5,16). Doch in alledem müssen wir Gott nicht um Vergebung *bitten.* Stattdessen erinnern wir uns einfach daran, dass unsere Zuversicht in dem Ein-für-alle-Mal-Opfer seines Sohnes begründet ist, und wir *danken* ihm, dass er uns bereits vergeben hat. Auf diese Weise ehren wir das vollbrachte Werk Jesu wirklich!

## Schluss mit dem zweideutigen Gerede

Da wir jetzt festgestellt haben, dass es gesund ist, wenn wir Reue über unsere Sünden empfinden, kannst du wieder durchatmen und wir können ein paar verwandte Themen ansprechen. Wir haben gesehen, dass die Vorstellung, dass Gläubige um Vergebung bitten sollten, im Wesentlichen daher kommt, dass wir Gott unvollkommene und menschliche Züge zuschreiben. Und neben dem Vaterunser, das ich im nächsten Kapitel ansprechen werde, gibt es keine Stelle in der Bibel, die auch nur im Entferntesten aussagt, dass wir Gott um Vergebung *bitten* müssen. Der Grund dafür, dass die Bitte um Reinigung in keinem der Briefe auftaucht, ist einfach. Im Gegensatz zu Menschen, die normalerweise eine Entschuldigung verlangen, bevor sie jemandem vergeben, verteilt Gott Vergebung auf der Grundlage *eines* Zahlungsmittels – Blut. Und die Voraussetzung für die Vergebung und Reinigung, die Gott uns zuteilwerden lässt, wurde am Kreuz bereits erfüllt. Es gibt also nichts, was wir *tun* können, um unsere Vergebung realer zu machen, als sie es bereits ist!

Wenn du jedoch schon jemals deine Nase in theologische Bücher gesteckt hast, weißt du, dass einige »Fachleute« uns sagen, dass unsere Sünden zwar in einem »positionellen« Sinne vergeben wurden (wir also von unserer Stellung her gerecht sind), aber eine Vergebung auf der Beziehungsebene noch nicht erfolgt ist. Oder vielleicht hast du schon gehört, dass unsere Sünden zwar »in den himmlischen Büchern« gelöscht sind, nicht aber hier auf der Erde. Wieder andere sagen, dass unsere völlige Vergebung »patriarchal« oder »forensisch« ist (haben wir hier etwa mit Sherlock Holmes zu tun?), aber nicht »tatsächlich«, bevor wir nicht unsere Sünde bekannt oder um Vergebung gebeten haben.

Diese ganzen Begrifflichkeiten bringen mich gleichermaßen zum Lachen und zum Weinen!

Wozu dieses komplizierte zweideutige Gerede? Keiner dieser Ausdrücke taucht irgendwo in der Bibel auf! Was ist also das Motiv hinter alledem? Nun, es gibt hier, wie ich glaube, tatsächlich ein gutes Motiv. (Ja, ich entscheide im Zweifelsfall für den Angeklagten.) Das Motiv ist wahrscheinlich folgendes: Diese sogenannten »Fachleute« wollen nicht, dass wir weiterhin sündigen. Und dieses Anliegen ist gesund. Aber sie irren sich insofern, dass sie unsere Vergebung entführen und sie als Geisel nichtbiblischer Begriffe und Vorstellungen festhalten. Das ist nicht die Art und Weise, wie man Christen motiviert. Aber sie glauben, sie könnten Christen dazu motivieren, auf dem rechten Pfad zu bleiben, indem sie deren Vergebung (bezogen auf den »irdischen« Bereich) in Zweifel ziehen. Kurzum, sie haben Angst. Sie haben Angst, dass die Menschen mehr sündigen, wenn in aller Deutlichkeit die vollständige Vergebung gelehrt wird. (Man beachte, dass diese Sorge schon sehr alt und langweilig ist und schon vor langer Zeit in Römer 6,1–2 angesprochen wurde.)

Aber es gibt wichtige Neuigkeiten: *Gott motiviert uns nie dadurch, dass er seine Vergebung zurückhält!* Er motiviert uns, indem er uns ein neues Herz gibt, das mit neuen Wünschen gefüllt ist, und uns dann sagt, wer wir eigentlich sind. Er teilt uns mit, dass wir tot sind für die Sünde, für ihn leben und für nichts Geringeres geschaffen wurden, als seinem Geist Ausdruck zu verleihen (siehe Röm 6,1–6).

Es ist natürlich völlig in Ordnung, wenn wir Christen sagen, dass wir Gottes Geist dämpfen (nicht zum Ausdruck bringen) (siehe 1Thess 5,19), wenn wir sündigen, und wir uns am Ende unerfüllt fühlen. Genauso ist es völlig biblisch, Christen zu sagen, dass wir irdische Konsequenzen zu erwarten haben, wenn wir sündigen (siehe Gal 6,8). Aber ihnen zu sagen, dass ihnen *nicht vergeben wird*, bevor sie bestimmte Bedingungen erfüllen? Nun, das ist schlichtweg eine Beleidigung für das Blut Jesu!

Denk mal über Folgendes nach: Selbst unter dem Gesetz brachte das Blut von Stieren und Böcken dem Juden, der den Versöhnungstag beging, *tatsächliche* und *irdische* Erleichterung von der Sündenschuld der letzten 365 Tage. Was wollen wir also damit sagen, wenn wir Christen erzählen, dass das Blut von Christus persönlich ihnen nicht ein ganzes Leben lang echte Vergebung im Hier und Jetzt gegeben hat? Hat das Blut von Christus etwa *weniger* Macht als das Blut von Tieren?

Beim Thema Vergebung sprechen manche Theologen davon, dass wir sie tagtäglich »beanspruchen« oder »uns zu eigen machen« oder »zu einer realen Erfahrung machen« müssen. Trotz ihrer Popularität sind diese Begriffe eigentlich nicht biblisch und haben auch nichts mit Vergebung zu tun. Wenn wir in Christus sind, besteht die Realität darin, dass uns vollständig vergeben ist, ob wir das nun völlig verstehen oder nicht. Wenn wir die Wahrheit erkennen, können wir einfach mit den ruhelosen Versuchen, Vergebung zu erhalten, aufhören und Gott stattdessen unsere Dankbarkeit ausdrücken. Das ist die Handlung, die aus wahrem Glauben entsteht und ihn zum Lächeln bringt (siehe Hebr 13,15).

# 6

# ES GEHT NICHT UM DICH

Es gibt Menschen, die an einigen Bibelstellen festhalten, die »beweisen« sollen, Gott hätte uns noch nicht vollständig vergeben. Bewaffnet mit diesen Stellen behaupten sie, wir Christen müssten immer noch etwas *tun*, damit Gott uns mehr vergibt oder reinigt. In diesem Kapitel also schauen wir uns einige dieser Lieblingswaffen an.

In Matthäus 6,12 sehen wir, dass Jesus ein Gebet spricht, das die Bitte »vergib uns« enthält. Sollen wir dasselbe Gebet also auch beten und während unseres gesamten Lebens als Christ immer wieder aufs Neue um Vergebung bitten?

Im selben Kapitel warnte Jesus vor dem gedankenlosen Herunterleiern von Gebeten. Dennoch drehen sich manche um und leiern das Gebet Jesu aus Matthäus 6 herunter, als wäre es der »goldene Maßstab«, ohne sich um die Zielgruppe und den Textzusammenhang zu scheren.

Bedenke, dass Jesus nicht einfach nur »vergib uns« gebetet hat. Nein, er betete spezifisch *»vergib uns … wie auch wir vergeben …«* (Mt 6,12). Eigentlich sagte er, dass seine Jünger Gott darum bitten sollten, ihnen *auf dieselbe Weise* und *in demselben Maße* zu vergeben, wie sie anderen vergeben hatten. Autsch. Dieses Gebet ist also tödlich!

Du bist dir nicht sicher, ob Jesus hier wirklich von einer an Bedingungen geknüpften Vergebung sprach? Nun, hier sind seine Schlussworte nach dem Gebet, die laut und deutlich herausschreien: »Denn *wenn ihr den Menschen ihre Verfehlungen vergebt*, so wird euer himmlischer Vater euch *auch* vergeben. *Wenn ihr aber den Menschen ihre Verfehlungen nicht vergebt*, so wird euch euer Vater eure Verfehlungen *auch nicht* vergeben« (Mt 6,14–15).

Wir müssen nicht herumrätseln, was Jesus sagen wollte, denn er hat es klar und deutlich ausgesprochen. Jesus sagte eindeutig, dass Gottes Vergebung ihnen gegenüber davon abhänge, inwiefern sie selbst anderen vergaben.

Ist das etwa das Evangelium? Ist das der neue Bund der Gnade? Sicherlich nicht! Den Weg des neuen Bundes finden wir in Epheser 4,32 und Kolosser 3,13. In beiden Stellen steht, dass wir anderen vergeben sollen, weil Gott uns *bereits* vergeben *hat*. Das ist etwas ganz anderes, als anderen zu vergeben, um uns unsere eigene Vergebung von Gott zu verdienen!

Warum also steht in Matthäus 6 scheinbar etwas anderes über Vergebung als im Epheser- und Kolosserbrief? Nun, das ist leicht zu beantworten. Die eine Stelle zeigt, wie vergeblich unsere Gebete um Vergebung *vor* dem »Ein-für-alle-Mal«-Opfer auf Golgatha waren. Die beiden anderen Stellen hingegen verkünden die Wahrheit, dass Vergebung bereits vollbracht ist, sodass wir sie jetzt an andere weitergeben können! Das eine Szenario beschreibt die Situation *vor* dem Kreuz; das andere die *nach* dem Kreuz. Würdest du denn nicht denken, dass das Kreuz in Bezug auf Vergebung eine drastische Veränderung bewirkt hat? Natürlich hat es das!

Es gibt einen Grund dafür, dass wir in den Briefen des Neuen Testaments kein einziges Beispiel für die Bitte um Vergebung finden. Jesus hatte nie die Absicht, dass wir gedankenlos und feierlich das Gebet aus Matthäus 6 herunterleiern. Der ganze Sinn dieses Gebetes war, den Leuten klarzumachen, wie verzweifelt sie sich alle unter einem System befanden, das ihnen nur in dem Maße vergibt, wie sie selbst anderen vergeben haben.

Jesus befahl den Juden seiner Zeit, sich die Hände abzuhacken (siehe Mt 5,30), sich die Augen herauszureißen (siehe Mt 5,29), so vollkommen zu sein wie Gott (siehe Mt 5,48) und alles zu verkaufen, was sie hatten (siehe Mt 19,21). Bei seinen Worten wurde es ihnen schwer ums Herz, weil sie wussten, dass sie hoffnungslos verloren waren, wenn das Gottes wahrer Maßstab war (siehe Mt 19,22). Das Gebet aus Matthäus 6 formulierte er aus demselben Grund – um zu zeigen, dass man sich Vergebung *nicht verdienen kann* und dass Gottes Vergebung für uns *größer* sein muss als unsere Vergebung für andere, denn sonst wären wir in ernsthaften Schwierigkeiten!

## Der Fetisch der Fußwaschung

Ja, aber beträgt unsere Vergebung nicht eigentlich nur 90 Prozent, sodass wir jeden Tag eine frische »Fußwaschung« brauchen? In Johannes 13 wird von einem Gespräch zwischen Petrus und Jesus berichtet, das viele Vorstellungen geschürt hat, unsere Vergebung wäre noch nicht vollständig. Eine gängige Auslegung dieser Stelle ist, dass Petrus an jenem Morgen ein Bad nötig gehabt habe (ein Symbol dafür, dass man bei seiner Errettung eine »positionell« Vergebung erhält), er aber trotzdem regelmäßig noch seine Füße waschen müsse (ein Symbol dafür, täglich frische Vergebung zu erhalten). Diese gängige Lehrmeinung lässt die Tatsache außen vor, dass wir in Christus ein für alle Mal reingewaschen wurden, und fordert uns zu einem Fetisch der täglichen, selbst auferlegten Fußwaschung auf, bei der es darum geht, um mehr Vergebung zu bitten.

Doch wenn wir es genauer betrachten, gibt dieses Gespräch zwischen Petrus und Jesus wenig Raum für solch eine verdrehte Auslegung. In dieser Stelle hat Jesus ein Hauptziel – den Gedanken des *Dienens* zu demonstrieren. Das wird sichtbar, als Jesus seine Lehre mit den folgenden Worten abschließt:

> *Nachdem er nun ihre Füße gewaschen und sein Obergewand angezogen hatte, setzte er sich wieder zu Tisch und sprach zu ihnen: Versteht ihr, was ich euch getan habe? Ihr nennt mich Meister und Herr und sagt es mit Recht; denn ich bin es auch. Wenn nun ich, der Herr und Meister, euch die Füße gewaschen habe, so* ***sollt auch ihr einander die Füße waschen****; denn ein* ***Vorbild*** *habe ich euch gegeben, damit auch ihr so handelt, wie ich an euch gehandelt habe.*
> *– Johannes 13,12–15*

Was beabsichtigte Jesus mit dem Waschen der Füße? Er hatte nicht den Begriff der Vergebung im Sinn. Stattdessen legte er großen Wert darauf, dass wir *einander dienen.*

Jesus sagte nämlich: »Wenn ich dich nicht wasche, so hast du keine Gemeinschaft mit mir« (V. 8). Ob sich das überhaupt auf Vergebung bezieht oder nicht ist strittig. Vielleicht hat er damit eigentlich gemeint: »Wenn du nicht zulässt, dass ich dir diene, hast du keine Gemeinschaft mit mir.« Es braucht Demut, um sich von Jesus dienen zu lassen. Es braucht eine Haltung der Unterordnung, der Ergebenheit, um ihn in unserem Leben wirken zu lassen.

Doch selbst wenn Jesus hier auf das reinigende Werk des Kreuzes angespielt hätte, ist es wichtig zu betonen, dass Jesus die Füße von Petrus nur *einmal* wusch. Außerdem badete Jesus Petrus an jenem Morgen sicherlich nicht. Die Vorstellung, dass Petrus' morgendliches Bad für eine erste Handlung von Christus steht und dass die Fußwaschung für eine zweite Handlung von Christus steht, ist geradezu absurd. Es gibt keine Gründe für diesen intellektuellen Sprung.

Jesus spricht nie davon, etwas anderes zu waschen als die Füße. Es ist Petrus, der die Ganzkörperwaschung ins Spiel bringt. Doch Jesus gebietet dem Eifer von Petrus, doch seinen ganzen Körper zu waschen, Einhalt, indem er sagt: »Sieh mal, Petrus, ich wasche Füße, nichts anderes. Du hast heute Morgen schon gebadet« (siehe Vers 10).

Jesus wäscht also nur Füße. Diese Handlung hat er an jedem Jünger nur *einmal* vollzogen. Zu jener Zeit war die Fußwaschung ein Brauch, der von Dienern ausgeführt wurde. Wenn ein Meister seinen Dienern die Füße wusch, war das ein überraschendes gegenkulturelles Beispiel demütigen Dienens, das für Stirnrunzeln sorgte, auch bei Petrus. Dann ermutigte Jesus seine Diener, einander genauso zu dienen, wie er ihnen gedient hatte.

Dieses Gespräch sollte radikales, demütiges Dienen veranschaulichen, und nicht für ein System täglicher geistlicher »Auffrischungen« plädieren. Es gibt einfach keinen Grund dafür, eine Zwei-Schichten-Theologie zu errichten, die eine Vergebung im »positionellen« Sinne bei der Errettung und eine Notwendigkeit weiterer täglicher »Fußwaschungen« beinhaltet. Wir können den Fetisch der Fußwaschung also fallenlassen und uns einfach entspannen.

## 1. Johannes 1,9 richtig verstehen

Doch warte, wir sind noch nicht fertig! Ich habe mir die beliebteste Stelle aus dem »Dir-ist-nicht-vergeben«-Arsenal bis zum Schluss aufgehoben.

In 1. Johannes 1,9 steht: »*Wenn wir aber unsere Sünden bekennen*, so ist er treu und gerecht, dass er uns die Sünden vergibt und uns reinigt von aller Ungerechtigkeit.« Was ist also, wenn wir unsere Sünden nicht bekennen? Ich meine, wenn wir eine vergessen? Vergibt und reinigt uns Gott dann nicht? Dieser Vers hat mehr als jeder andere in der Kirchengeschichte Verwirrung über das vollbrachte Werk Christi gestiftet.

Was hältst du von der bemerkenswerten Idee, dass wir uns die Verse 8 bis 10 anschauen, um die wahre Bedeutung von Vers 9 zu erfassen?

Kontext: Es gibt einfach nichts Besseres, um Klarheit zu schaffen.

Vor zweitausend Jahren gab es Menschen, die sagten, sie wären ohne Sünde (V. 8) und hätten nie gesündigt (V. 10). Diese Menschen hatten die Wahrheit nicht in sich (V. 8) und das Wort Gottes hatte keinen Platz in ihrem Leben (V. 10). Mit anderen Worten: *Sie waren noch nicht errettet.* Diese Gruppe von Menschen spricht Johannes in seinem Brief kurz an. Er sagt, dass, wenn wir (jeder einzelne von uns!) denken, wir hätten keine Sünde oder nie gesündigt, wir uns selbst betrügen und Gott als Lügner bezeichnen!

Stell dir vor, jemand sagt zu dir: »Sünde? Was für Sünde? So etwas wie Sünde gibt es in meinem Leben nicht. Ich habe nie gesündigt.« Was würdest du von einer solchen Person denken? Ist sie Christ? Auf keinen Fall! Schließlich besteht der erste Schritt, um Christ zu werden, darin, dass man *zugibt, ein Sünder zu sein, der einen Retter braucht!*

Beachte, dass Johannes sagt, er spreche die falschen Glaubensvorstellungen dieser Menschen an, »damit auch ihr Gemeinschaft mit uns habt; und unsere Gemeinschaft ist mit dem Vater und mit seinem Sohn Jesus Christus« (1Joh 1,3). Einige der Menschen, an die er schreibt, haben noch keine Gemeinschaft mit Christen oder mit dem Vater und dem Sohn. Warum nicht? Weil sie noch *nicht glauben* und sogar so weit gehen, die Realität der Sünde zu leugnen. Johannes schreibt an sie, um ihr Glaubenssystem zurechtzurücken und sie zu der Wahrheit einzuladen, »damit auch ihr Gemeinschaft mit uns habt« (V. 3).

Echte Christen haben die Wahrheit für immer in sich (siehe 2Joh 1,1–2). Doch die Menschen, die Johannes im ersten Kapitel von 1. Johannes anspricht, haben die Wahrheit noch *nicht* in sich (V. 8). Wie könnten sie auch? Sie sind ja noch nicht einmal bereit dazu, ihre Sündhaftigkeit zuzugeben! Darum sagt Johannes ihnen im Wesentlichen: »Hey, wenn irgendjemand von uns etwas Verrücktes über sündloses Verhalten sagt, dann gibt es eine simple Lösung – bekenne einfach deine Sünden. Dann wird Gott dir vergeben und dich reinigen von *aller* Ungerechtigkeit.«

Das ist eine Einladung, Sünde zuzugeben, zu glauben und für *alle* Sünden Vergebung zu erhalten.

Beachte, dass wir von »aller Ungerechtigkeit« gereinigt werden (V. 9), nicht nur von der einen oder anderen Sünde. Nicht Stück für Stück. Ein für alle Mal. 1. Johannes 1,9 ist also eine Einladung an den verrückten Sündenleugner, zur Vernunft zu kommen und gerettet zu werden, was natürlich *vollständige* Vergebung mit einschließt.

Ich finde es absolut lächerlich (und beleidigend Jesus gegenüber), dass viele von uns diese Stelle wie ein Stück Sündenreinigungs-Seife für ihre tägliche Waschung vor Gott benutzt haben. Darum geht es überhaupt nicht. Tägliche Gespräche mit Gott über unseren Kampf gegen Sünden sind gesund und gut, aber sie waschen und reinigen uns nicht. Nur das Blut Jesu hat das ein für alle Mal getan! Erst wenn wir die wahre Bedeutung dieser und der anderen hier angesprochenen Stellen erkennen, können wir beginnen, uns wirklich in dem vollbrachten Werk Jesu zu entspannen.

Ja, du kannst dich entspannen, denn *es geht wirklich nicht um dich*!

7

# ES IST WIRKLICH VOLLBRACHT

Manche brandmarken diese biblische Lehre, dass uns »ein für alle Mal« vergeben wurde, als sei sie kontra Bekennen oder kontra Buße. Zunächst will ich sagen, dass sie *nicht* kontra Bekennen ist; sie ist einfach nur pro Golgatha! Natürlich ist es gesund, wenn wir bekennen (nämlich unsere Kämpfe mit Sünden), *aber wir erhalten dadurch kein neues Maß an Vergebung.* Wir bekennen unsere Sünden, weil es ein Teil davon ist, offen und ehrlich vor Gott und den Freunden zu sein, denen wir vertrauen. Wir bekennen unsere Sünden, weil es eine Möglichkeit ist, die Wahrheit über unsere aktuellen Kämpfe mitzuteilen, damit andere für uns beten können (siehe Jak 5,16). Aber wir bekennen unsere Sünden nicht, damit Jesus irgendwie noch mehr Blut vergießt und uns dann mit einem neuen Maß an Reinigung überschüttet. Das geschieht sicherlich nicht.

Die meisten Menschen, die gegen die aus der Bibel stammende Botschaft der »Ein-für-alle-Mal«-Vergebung sind, nehmen sich nicht die Zeit, die Hauptaussage dieser Botschaft zu verstehen. Ja, es gibt viele Gründe, unser Fehlverhalten zuzugeben und sich von der Sünde abzuwenden und sich anders zu verhalten, aber mehr Vergebung von Gott zu erhalten gehört nicht dazu! Es ist eindeutig: Wir müssen uns nicht an jede Sünde, die wir je begangen haben, erinnern und sie bekennen, damit Gott uns vergibt. Schließlich können wir uns gar nicht an jede Sünde erinnern, die wir je begangen haben! Nein, es geht nicht um unser gutes Gedächtnis und unsere Worte. Es geht um das Blut Jesu und sein Ein-für-alle-Mal-Opfer. Doch wenn wir uns an diese Glaubensvorstellung halten, heißt das nicht im Entferntesten, wir sollten weiter sündigen oder es unterlassen, unsere Sünden zuzugeben.

Wenn wir mit Bekennen also die biblische Definition meinen – *homo logos* (was im Grunde genommen bedeutet, »mit Gott einer Meinung zu sein«) –, warum sollten wir nicht Gottes Meinung sein, was unsere Sünden betrifft? Warum sollten wir nicht sogar in *allem* einer Meinung mit Gott sein? Und die Bibel sagt uns deutlich, dass wir uns von unseren sündigen Haltungen und Taten abwenden, uns für ein anderes Verhalten entscheiden und nicht die Sünde in unserem Leben herrschen lassen sollen!

Das versteht sich von selbst.

Es geht nicht darum, was wir nicht tun dürfen. Es geht darum, was Jesus *getan hat* – nämlich unsere Sünden wegzunehmen – ein für alle Mal! Wir bekennen also Gott und anderen, die für uns beten, unsere Kämpfe, jedoch *nicht, damit wir mehr Vergebung von Gott erhalten.*

Das ist die Hauptaussage.

## Sind wir gegen Buße?

Diese neutestamentliche Botschaft der »Ein-für-alle-Mal«-Vergebung ist nicht gegen Buße. Buße bedeutet einfach nur, seinen Sinn zu ändern. Letztendlich heißt es, dass wir beschließen, anders zu denken und uns anders zu verhalten – also eine Drehung um 180 Grad vollziehen. Jeder Christ, der viel in der Bibel gelesen hat, weiß, dass Gott kein Fan von Sünde ist. Er hasst die Sünde. Er will nicht, dass seine Kinder sündigen. Die angemessene Reaktion auf Sünde ist also, sich um 180 Grad zu drehen und davon wegzukommen, also, anders zu denken und sich anders zu verhalten.

Auch das versteht sich von selbst.

Darum bin ich überrascht, dass viele Menschen die Botschaft der »Ein-für-alle-Mal«-Vergebung falsch auslegen und sagen, damit würden wir nicht daran interessiert sein, mit Gott einer Meinung zu sein, oder Gottes Rat und Disziplinierung außer Acht lassen. Das ist absurd. Wir sollen vor Gott und den Freunden unseres Vertrauens offen und ehrlich sein, was unsere Kämpfe anbelangt. Und als neue Schöpfung, die der Sünde gestorben ist und Gott lebt, sind wir dazu gemacht, die Sünde abzulehnen und uns anders zu verhalten. Aber *nichts davon bringt uns mehr Vergebung*. Das ist die Hauptaussage. Vergebung geschieht nur durch Blut, und Jesus wird nie wieder sterben. Uns ist also vergeben!

Denk mal darüber nach: Gibt es nicht noch einen anderen Grund, um Fehlverhalten zuzugeben und sich davon abzuwenden? Ist »Vergebung zu bekommen« der einzige Grund, den wir uns vorstellen können, unser Fehlverhalten zuzugeben? Mir fallen so viele bessere, biblische Gründe ein, mein Fehlverhalten zuzugeben und mich davon abzuwenden: weil ich der Sünde gestorben bin und nicht dafür gemacht bin (siehe Röm 6,2), weil ich für Gott lebe und für so viel mehr geschaffen wurde (siehe Röm 6,11) und weil Sünde Menschen verletzt und niemals erfüllend ist (siehe Röm 6,21), um nur ein paar zu nennen. Arbeite dich mal durch die zweite Hälfte von Römer 6, dann wirst du sehen, dass das die biblischen Gründe sind, um sich von sündigen Haltungen und Taten abzuwenden.

Der 2. Korintherbrief eröffnet uns, dass es eine göttliche Betrübnis gibt, die uns dazu bringt, uns von der Sünde abzuwenden und uns anders zu verhalten (siehe 2Kor 7,10), und sowohl im Epheser- als auch im 1. Thessalonicherbrief steht, dass Gott in unsere Haltungen und Taten investiert und dass sein Geist gedämpft (anstatt ihm Ausdruck verliehen) und betrübt (besorgt über uns) wird, wenn wir uns selbst und anderen schaden (siehe Eph 4,30; 1Thess 5,19). Gott will das Beste für uns! Aber »immer noch mehr Vergebung von Gott zu erhalten« ist kein Grund für das Bekennen oder die Buße. Nur das Blut Christi hat das erreicht, deshalb sollten wir das Opfer Jesu nicht bespucken. Gott denkt nicht mehr an unsere Sünden (siehe Hebr 8,12; 10,17).

Wir sollten uns diesbezüglich der Meinung Gottes anschließen.

Was sollen wir tun, nachdem wir gesündigt haben? Aufhören zu sündigen, uns anders verhalten und uns mit denen versöhnen, die verletzt wurden. Schlicht und ergreifend. Aber wir müssen nicht irgendwie »mit Gott ins Reine kommen«. Oft konzentrieren wir uns scheinbar so sehr darauf, mit Gott ins Reine zu kommen, dass wir vergessen, mit denen ins Reine zu kommen, die wir tatsächlich verletzt haben!

Denk mal an die Menschen in Ephesus, die gestohlen hatten. Welche Lösung hatte Paulus für sie? Hört auf zu stehlen, besorgt euch eine Arbeitsstelle, arbeitet mit euren Händen und gebt denen etwas, die in Not sind (siehe Eph 4,28). Doch Paulus sagte nie, dass ein Dieb sich auf den Boden werfen und um Vergebung winseln solle. In Römer 5,1 steht, dass wir *bereits* Frieden *mit Gott* haben, doch in Römer 12,18 steht, dass wir *mit anderen Menschen* im Frieden leben sollen.

In welchem Kapitel lebst du also? Jagst du dem Frieden mit Gott hinterher, den du bereits hast, oder lebst du *vom* Frieden mit Gott *her* und suchst jetzt den Frieden mit anderen?

Wir sollten uns von sündigen Aktivitäten abwenden und uns darauf verlassen, dass der Geist Gottes echte Veränderung in unseren Haltungen und Taten bewirkt. Aber egal, wie oft wir uns »von der Sünde abwenden« – wir können Jesus nicht dazu bringen, noch einmal zu sterben. Und da es ohne Blut keine Vergebung gibt, wird es uns auch nicht mehr Vergebung verschaffen, wenn wir ständig Buße tun. Die schlichte Realität ist stattdessen: »Denn mit einem einzigen Opfer hat er die für immer vollendet, welche geheiligt werden« (Hebr 10,14).

Wenn jetzt irgendwer behauptet, dass diese Lehre über vollständige Vergebung »leichtfertig mit der Sünde« umgeht, dann stimmt das nicht. Eigentlich nimmt sie die Sünde *alles andere als auf die leichte Schulter*. Der Lohn der Sünde ist der *Tod*, und nicht – wovon manche ausgehen – dass Gott die fünf Minuten, bis du dich entschuldigst, von dir genervt ist. Sünde ist also ernst und der Tod die einzige gerechte Strafe. Doch Jesus ist gestorben; damit hat er die Strafe völlig bezahlt, und das ist die Botschaft des Evangeliums.

Manche sagen, dass so viel Gnade zu radikal sei und deshalb nicht richtig sein könne. Nun, ich bin mir nicht sicher, wie man Gnade abschwächen kann. In Römer 11,6 steht, dass Gnade keine Gnade mehr ist, wenn man ihr Werke hinzufügt! Manche nennen die Botschaft der vollständigen Vergebung »Hypergrace«. Nun, dann bin ich eben »Hypergrace«, und du solltest es auch sein! Andere wiederum sagen, das sei »billige Gnade«. Nun, sie ist noch besser als billig. Sie ist umsonst. Ja, sie hat Jesus sein Leben gekostet, darum war sie anfangs sehr teuer. Aber jetzt, da alles vollständig bezahlt worden ist, ist dieses Geschenk der vollständigen Vergebung noch viel besser als billig. Es ist absolut gratis!

## Auch Gemeinschaft ist gratis!

Übrigens, auch *Gemeinschaft* ist gratis. Die Menschen sprechen über Gemeinschaft, als wäre sie eine Verbindung mit Gott, die von unserem Verhalten abhängig ist. Auf keinen Fall. In der Bibel steht, wenn du eine neue Schöpfung, ein Kind Gottes bist, dann hast du zu jeder Zeit »ungebrochene Gemeinschaft« mit deinem Vater (siehe 1Kor 1,9; 2Kor 13,14; 1Joh 1,7).

Eine »gebrochene Gemeinschaft« würde bedeuten, dass du verloren, geistlich tot und ohne Hoffnung wärst. Entweder hast du ungebrochene Gemeinschaft mit Gott, bist mit ihm verbunden und darum gerettet (1Kor 6,17), oder deine Gemeinschaft mit Gott ist gebrochen, du bist von ihm getrennt und darum verloren. Dazwischen gibt es nichts. Wir gehen nicht in die Gemeinschaft hinein und wieder hinaus – das ist erfunden. Das ist, als würde jemand einen Begriff aus der Bibel nehmen und ihn so definieren, wie es ihm selbst gefällt. Die Wahrheit ist, dass unsere Gemeinschaft unerschütterlich und unverwüstlich ist – und zwar dank dem, was Jesus getan hat, und nicht aufgrund dessen, was wir tun. Denn sonst wäre unsere Gemeinschaft jedes Mal, wenn wir sündigten, unterbrochen!

Stell dir vor, wir würden täglich und den ganzen Tag über in die Gemeinschaft mit Gott hinein- und wieder aus ihr hinausgehen – das wäre ein ständiges Hin und Her. Wir würden ganz neurotisch werden! Am Ende wärst du so neurotisch, dass niemand, der bei vollem Verstand ist, mehr so sein wollte wie du. Und so wollen wir evangelisieren? Wäre dann das unser Evangelium: »Werde Christ und begib dich, wie ich, auf die leistungsgesteuerte Achterbahnbeziehung mit Gott!«?

Ich bin mir sicher, die Leute würden an deiner Tür Schlange stehen, um die »frohe Botschaft« zu hören.

Die Realität ist: Falls wir sündigen wollen, dann müssen wir sündigen, *während* wir in Gemeinschaft und fest mit Gott verbunden sind. Aus diesem Grund macht es auch einfach nicht mehr so viel Spaß wie früher! Ja, auf diesem Planeten gibt es alle möglichen Konsequenzen, wenn wir sündigen. Wenn wir bei der Arbeit sündigen, verlieren wir vielleicht unsere Stelle. Wenn wir zu Hause sündigen, verlässt uns vielleicht unser Ehepartner. Wenn wir in unserem Privatleben sündigen, begeben wir uns vielleicht in irgendwelche Abhängigkeiten. Das sind *irdische Konsequenzen*, die wir uns aufladen können. Aber es ist etwas ganz anderes, wenn Gott seine Gegenwart von uns zurückzieht und wir die Gemeinschaft mit ihm verlieren.

Nein, wenn wir das bekommen würden, was wir verdient hätten, dann wäre es »die tödliche Spritze«, wie ein Freund von mir es ausdrückt. Es ginge nicht um eine zehnminütige oder zehntägige Unterbrechung unserer Beziehung mit Gott, bis wir wieder zur Besinnung kämen. Nein, es wäre der Tod, denn eine geringere Strafe wäre nicht ausreichend. Und genau deshalb ist Jesus gestorben. Wir sollten hier also ein wenig einfache Mathematik betreiben und feiern.

Strafe für die Sünde = Tod
Jesu Tod = vollständige Bezahlung
Ergebnis = keine Strafe mehr

Jesus ist der Grund, warum Gott gut zu dir ist. Und aufgrund des Opfers Jesu, das Gott völlig zufriedengestellt hat, ist er jetzt *immer* gut zu dir. Gott sitzt also nicht oben im Himmel auf einem Frisierstuhl, auf dem er sich die ganze Zeit dreht und dich anschaut, wenn du gut bist, und dir den Rücken zukehrt, wenn du einen Fehler gemacht hast. Sein Gesicht ist dir *immer* zugewandt. Das ist die evangeliumsgemäße Wahrheit über deine Gemeinschaft – deine ständige Verbindung mit dem Geist Gottes.

## Ergreife Gottes Gnade

Wozu führt es also, wenn wir den Menschen diese völlige Vergebung lehren? Viele haben Angst davor, wohin uns diese Art der Gnade führen könnte. Sie denken, dass diese bedingungslose Richtung der Gnade (übrigens die *einzige* Art von Gnade, die es gibt) zu massiver Sünde führen wird. Nun, Gott selbst scheint anders darüber zu denken! Titus 2,12 eröffnet uns, dass Gottes Gnade uns nicht nur Rettung bringt, sondern dass *Gottes Gnade uns auch lehrt, nein zur Sünde zu sagen und im Hier und Jetzt ein rechtschaffenes Leben zu führen.*

Hab also keine Angst vor der Gnade. Es ist an der Zeit, Gottes Gnade vollständig zu ergreifen – sie zu hören, sie vollständig zu glauben und dann in ihr zu *entspannen*!

8

# DU WIRST FÜR DEINE SÜNDEN NICHT VERURTEILT WERDEN

*Was wird Jesus in mir sehen, wenn er wiederkommt? Wird er sich vor mir ekeln?*

Manche von uns haben Panik vor der Rückkehr Christi und quälen sich mit solchen und ähnlichen Fragen.

»Ich werde es wahrscheinlich nur mit Ach und Krach in den Himmel schaffen«, denken manche.

Das schürt Ängste, anstatt Entspannung aufkommen zu lassen.

Aber können wir es uns leisten, mit Blick auf das Jüngste Gericht entspannt zu sein? Die Antwort darauf ist ein klares *Ja.* In 1. Johannes 4,17–18 (NLB) steht, wir können dem Tag des Gerichts mit Zuversicht entgegensehen. Dort steht, dass wir nur dann Angst haben, wenn wir uns irgendeine Strafe vorstellen, die wir erhalten werden. Wenn wir Angst haben, brauchen wir einfach nur eine größere Dosis der vollkommenen Liebe Gottes.

Was die Rückkehr Christi betrifft, sollen wir völlige Zuversicht haben, keine Angst. Vor was in aller Welt haben wir denn Angst? Dass er unsere Sünden wieder ausgräbt und uns dafür verurteilt? Er hatte bereits alle unsere Sünden im Sinn, als er sich am Kreuz um das gesamte Sündenproblem kümmerte! Die Strafe war der

Tod und Jesus starb. Alles ist vorbei. Wenn er also wiederkommt, dann nicht, um uns für unsere Sünden zu verurteilen oder sie wieder auszugraben. Stattdessen sind wir sicher: »Er wird wiederkommen, aber *nicht noch einmal wegen unserer Schuld*, sondern er wird all denen Rettung bringen, die sehnsüchtig auf seine Rückkehr warten« (Hebr 9,28 NLB).

## Der Richterstuhl

Aber steht nicht in 2. Korinther 5,10, dass wir *alle* vor dem Richterstuhl Christi erscheinen müssen? Nun ja, es werden in der Tat »alle« von uns dort erscheinen – alle *Menschen*. Aber die Ungläubigen haben einen Bestimmungsort und die Gläubigen einen anderen.

Es sollte für uns nicht im Geringsten belastend sein!

Ich weiß, was du vielleicht gehört hast – dass es zwei Gerichte gibt: ein *primäres* Gericht, bei dem es um Himmel oder Hölle geht, und dann ein *zweites* Gericht für Christen vor dem *Bema*-Stuhl (griechischer Begriff) oder Richterstuhl Christi. Vielleicht hat man dir gesagt, dieses *Bema*-Gericht (Preisgericht) sei *nur* ein Ort der Belohnung. Manche behaupten, *bema* sei ein Wort, das von den griechischen olympischen Spielen komme und daher ein positives, nur auf Belohnung ausgelegtes Gericht beschreibe. Aus diesem Grund gehen sie davon aus, das Gericht vor dem großen weißen Thron (siehe Offb 20,11–15) und das Gericht vor dem *Bema*-Stuhl seien zwei unterschiedliche Ereignisse – dass es beim ersten um Himmel oder Hölle und beim zweiten um die Verleihung verschiedener Grade himmlischer Belohnungen an Christen gehe.

Richtig ist allerdings dies: Das Wort *bema* taucht ungefähr ein Dutzend Mal in der Bibel auf, um verschiedene Dinge zu beschreiben – so zum Beispiel den Richterstuhl von Pilatus (siehe Mt 27,19; Joh 19,13), den Thron von Herodes Agrippa (siehe Apg 12,21), den Richterstuhl des jüdischen Statthalters Gallio (siehe Apg 18,12), den Richterstuhl des Kaisers (siehe Apg 25,10) sowie den Richterstuhl Christi (siehe 2Kor 5,10) und anderes mehr. Ein *bema* ist also kein lieblicher, netter Ort der Belohnung. Er taucht in der Bibel mehrmals als ein Ort auf, von dem Gericht und Strafe ausgingen.

Angesichts der wahren Bedeutung von *bema* scheint es *nicht* so zu sein, dass ein *Bema*-Gericht ein zweites Ereignis ist, das zu einem späteren Zeitpunkt nur für Christen abgehalten wird. Es gibt jedenfalls keinen wirklichen Grund, um zu diesem Schluss zu kommen, vor allem wenn in Offenbarung 21,3–5 bereits steht, dass Christen vor einem Gericht erscheinen und von ihrem Vater im Himmel hören werden, dass es dort keinen Tod, kein Wehklagen, kein Leid geben wird und dass Gott in Ewigkeit bei uns sein wird. Wo ist denn die Stelle, an der Gott zu einem Christen sagt: »Hey, Billy, du hast das auf der Erde toll gemacht. Ich geb' dir jetzt ein bisschen extra Knete, die die anderen nicht bekommen«? Nun, das steht nirgends. Im Gleichnis von den Arbeitern im Weinberg war es sogar so, dass alle sich in einer Reihe aufstellten, um ihren Lohn zu erhalten, und ganz gleich, wie lange sie gearbeitet hatten, sie erhielten alle denselben Lohn (siehe Mt 20,1–16)!

Autsch. Das ist ein Angriff auf unser Ego. Das tut weh.

Vielleicht denkst du jetzt: »Du willst mir also erzählen, dass irgend so ein Kerl« – und oft fügen wir dann gerne noch hinzu »wie Hitler!« – »sich Zeit lassen kann, bis er im Sterben liegt, um dann das Geschenk des ewigen Lebens anzunehmen und sogar denselben Lohn empfängt wie Billy Graham?« Gute Frage. Die Antwort ist wohl ja. Und das ist eine Beleidigung, oder? Die Gnade verletzt unseren menschlichen Stolz. Darum sollten wir uns also entweder darauf einlassen, Gnade geschenkt zu bekommen, oder unser Leben damit verbringen, Gott seinen neuen Weg übel zu nehmen.

Wir können uns entscheiden.

## Es gibt keine Bafe oder Schöcke!

Man kann es auch mit dem Gleichnis ausdrücken, das Jesus uns in Matthäus 25 gegeben hat. Es gibt Schafe und es gibt Böcke. Aber es gibt weder Bafe noch Schöcke! Es gibt kein drittes Tier – keine Kreuzung aus Schaf und Bock. Du erhältst also entweder ein Erbe, wenn du ein Schaf bist, oder das ewige Feuer, wenn du ein Bock bist (siehe Mt 25,34.41). Es gibt jedoch nicht so etwas wie ein »Erbe in Flammen«, mit einem kleinen Schuss Höllenfeuer. Entweder schwarz oder weiß, alles oder nichts, dazwischen gibt es nichts!

Vielleicht denken wir trotzdem noch, dass wir eine Riesenzahlung himmlischer Knete erhalten, wenn wir dort ankommen und richtig gut gewesen sind. Ich weiß nicht, wo das herkommt, denn in der Bibel steht das Wort Lohn oder Belohnung nicht ein einziges Mal im Plural. Was ich dort lese ist, dass es eine »Krone des Lebens« gibt für alle, die Jesus lieben, aber Jesus *ist* unser Leben (siehe Kol 3,4; Jak 1,12). Es gibt zwar einen »Lohn« (Singular), aber alles andere ist Dreck verglichen mit der Erkenntnis von Christus (siehe 1Kor 3,14; Phil 3,8). Es wird auch von einem »Preis« gesprochen (siehe Phil 3,14), aber ist nicht Jesus selbst unser Preis?

Ich weiß, dass wir an einem tollen Ort leben werden. Jesus sagte, er würde sich darum kümmern (siehe Joh 14,2–3). Ich glaube einfach, wir liegen ziemlich daneben, wenn wir uns vorstellen, wie wir auf einem Podest stehen und mit Goldketten überhäuft werden. Wir liegen ziemlich daneben, wenn wir uns vorstellen, wie wir in unserem herausgeputzten Haus sitzen und zu unserem Nachbarn hinübersehen, der in einem Papphaus wohnt, weil er nicht so gute Leistungen erbracht hat wie wir. So wie ich Johannes 14,2–3 verstehe, gibt es *ein großes Haus* (Jesus nannte es das Haus seines Vaters), und in diesem himmlischen Haus gibt es *viele Wohnungen*. Es geht also überhaupt nicht um »meine Villa gegen deine Sozialbauwohnung«. Es geht um das Beisammensein als Familie Gottes.

Ich weiß, was in 1. Korinther 3,15 (NLB) steht: Wenn das, was ein Mensch gebaut hat, verbrennt, »wird er einen schmerzlichen Verlust erleiden«. Aber es scheint mir, dass dieser »Verlust« der Verlust seines Werkes ist. Schließlich wurde es verbrannt, weil es nur aus menschlicher Anstrengung bestand! Es war also Zeit- und Energieverschwendung. Das ist der Verlust. Sollten wir etwa erwarten, dass die Werke des Fleisches in Ewigkeit Bestand haben? Natürlich nicht, das ist also der Verlust – der Verlust des Werkes an sich. Das ist etwas ganz anderes als ein Gott, der uns auf der Grundlage unserer Werke unterschiedliche Beträge an Barpreisen austeilt. Das hat nichts mit Gnade zu tun.

Gnade bedeutet … *alles* ist geschenkt!

## Die Erde bricht über dir zusammen. Aber Christus ist in dir.

Während ich diese Worte schreibe, haben Oklahoma City und die Umgebung gerade zwei verheerende Tornados erlebt. Viele kamen ums Leben – Männer, Frauen und Kinder. Krankheit, Tod, Naturkatastrophen – es ist *nicht* Gott, der diese Dinge über uns ausschüttet. Auch wenn einige populäre Fernsehevangelisten nicht meiner Meinung sind: Wenn wir in dem vollbrachten Werk Jesu *entspannen* wollen, müssen wir uns die Wahrheit fest einprägen.

Die Erde bricht *über* uns zusammen, aber Christus wirkt *in* uns. Gott ist unser Tröster und Ratgeber inmitten von Schwierigkeiten. Er verspricht uns nie, die Schwierigkeiten zu entfernen, aber er schleudert sie uns auch nicht entgegen.

Denk mal darüber nach, was der Sohn Gottes selbst durchgemacht hat. War er frei von Schwierigkeiten? Wurde er von Katastrophen verschont? Jesus wurde verspottet, geschlagen, durchbohrt, gefoltert und getötet.

Der Apostel Paulus sagt uns: »Denn ihr sollt so gesinnt sein, wie es Christus Jesus auch war« (Phil 2,5). Gottes Plan ist, dass wir in das Bild seines Sohnes verwandelt werden. Das wäre nicht möglich, wenn wir irgendwie wie von Zauberhand aus den schwierigen Lebensumständen herausgenommen würden. Wir entkommen schweren Zeiten zwar nicht, aber Gott verursacht sie auch *nicht*.

Denk daran: Die Erde bricht *über* dir zusammen, aber Christus wirkt *in* dir. Da draußen kursiert noch eine weitere Variante des Evangeliums, die besagt, du müsstest nur genug glauben, um dann ganz leicht und geschmeidig durchs Leben zu gleiten. Das führt im Umkehrschluss dazu, dass die Menschen denken, Gott wolle dir »eine Lektion erteilen«, wenn deine Lebensumstände schwierig sind. Wenn du nur mehr Glaube hättest oder gehorsamer wärst, wäre alles leichter, sagen sie dir. Ja, es gibt eine Art der Erleichterung im Hier und Jetzt. Aber Erleichterung kommt aus unserem Innern und nicht von außen. *Oft kommt Erleichte-*

*rung nicht durch neue Umstände, sondern durch neutestamentliche Gedanken inmitten derselben alten Umstände.*

Sieh mal, du kannst dich einfach nicht mit Gott entspannen, wenn du glaubst, er wäre der Urheber deiner mühsamen Umstände. Er ist nicht der Urheber deines Leids. Er ist dein großartiger Tröster inmitten all dessen. Er ist der Anfänger und Vollender deines Glaubens, nicht der Anfänger und Vollender deiner Schwierigkeiten (siehe Hebr 12,2).

## Gott will nicht töten, sondern retten

Am 11. September 2001 krachten Terroristen mit Flugzeugen in verschiedene Gebäude an der Ostküste der Vereinigten Staaten. In Scharen traten christliche Leiter auf den Plan, um uns zu sagen, warum das alles geschehen ist. Genauso wie in der Geschichte von Hiob ist immer gleich ein »Experte« zur Stelle, der dir sagt, Gott sei zornig, und der Grund für seinen Zorn seien die moralischen Fehltritte der Menschheit.

Doch in 2. Petrus 3,9 steht, dass Gott nicht will, dass auch nur ein Mensch verloren geht. Er will, dass alle glauben und gerettet werden. Das ist Gottes Herz für die Menschheit. Es geht ihm also nicht darum, Menschen zu töten. Nein, auf seinem Plan steht, Menschen zu *retten* (siehe Joh 12,47). Es ergäbe keinen Sinn, wenn Gott ganze Städte (Männer, Frauen und Kinder) durch einen frühen Tod ausrotten würde, wo sein Herz doch dafür schlägt, dass die Menschen glauben und dadurch gerettet werden.

Die Leute ziehen immer ihre Lieblingskriegsgeschichte aus dem Archiv Israels, um damit zu sagen, dass Gott die Sünde auch heute noch gewaltsam bestraft. Doch das war unter dem alten

Bund, und *nicht* dem neuen Bund. Ja, es ist zwar derselbe Gott, aber der Bund ist ein anderer.

Das ist ein Riesenunterschied!

Denk daran, dass ein wesentlicher Punkt der Botschaft des neuen Bundes darin besteht, dass das Angebot der Errettung jetzt zum allerersten Mal für *jeden* gilt, sei er Jude oder Heide (siehe Röm 1,16; 2Kor 5,19; 1Joh 2,2). Errettung ist also etwas, was Gott für jeden will. Dafür schlägt zumindest sein Herz, ob wir damit übereinstimmen oder nicht. Wenn wir etwas anderes behaupten, bezeichnen wir das sündige und schädliche Werk Satans als Gottes Werk!

## Doch was ist mit Hananias und Saphira?

Warte mal, hat Gott nicht Hananias und Saphira getötet, weil sie gelogen hatten, was ihr Geld anging (siehe Apg 5,1–11)? Und heißt das nicht, wie es manche sagen, dass »Gott Christen aus dem Verkehr zieht, wenn sie nicht für ihn leben«?

Erstens spricht diese Bibelstelle nicht ausdrücklich davon, dass Hananias und Saphira gläubig waren. Sie haben zwar Zeit mit der Gemeinde verbracht, aber es gibt weder einen Beweis für noch gegen ihre Gläubigkeit. Außerdem steht dort nicht, dass Gott sie getötet hat. Wir gehen vielleicht davon aus, dass Gott sie totschlug, aber dort steht nur, dass sie tot umfielen.

Die Apostel damals waren vermutlich ziemlich einschüchternde Persönlichkeiten, denn sie verkündeten das Evangelium mit Macht, heilten die Kranken und wirkten Wunder. Stell dir mal vor, du hättest gelogen, was dein Geld angeht, und einer dieser Apostel brächte die Wahrheit ans Licht und erwischte dich beim Lügen! In diesem Szenario könnte ich mir schon vorstellen, dass jemand vor Furcht dermaßen erschrickt, dass er einen Herzinfarkt bekommt.

Abgesehen von ihrer Todesursache wissen wir immer noch nicht, ob sie Christen waren. Und wir wissen auch nicht, ob Gott sie totschlug. Es gibt keine Möglichkeit, das herauszufinden. Aber wir wissen, dass die Apostelgeschichte ein beschreibendes Geschichtsbuch ist, das die Taten der Apostel nacherzählt. Die Apostelgeschichte sagt uns, *was* geschehen ist, aber *nicht warum.*

Denk mal daran, dass in der Apostelgeschichte Zungen von Feuer auf die Köpfe der Menschen fielen. Ist das nun das Zeichen wahrer Errettung? Sollten wir daraus eine Lehre für heute ableiten? Wenn ja, dann ist niemand heute wirklich errettet. Verstehst du, was ich meine? Aus den Ereignissen in der Apostelgeschichte leiten wir keine Lehre ab. Das ist so, als würden wir zu dem historischen Bericht von Jona zurückkehren und dann die folgende Lehre daraus machen: »Wenn du Gott nicht gehorchst, könntest du von einem Wal verschluckt werden!« Das war zwar ein historisches Ereignis, aber wir können es nicht zu einer Lehre für heute umformen.

Aus der Geschichte von Hananias und Saphira in der Apostelgeschichte sollte keine Glaubensmeinung gesponnen werden, die besagt, dass »Gott dich drankriegen wird«. Gott tötet keine Christen, wenn sie lügen. Wenn Gott Christen tatsächlich töten würde, weil sie lügen, was Geld angeht, wären unsere Sonntagsgottesdienste mit Leichen übersät!

Denk daran, dass das Evangelium sich darum dreht, dass Jesus an unserer Stelle für unsere Lügen getötet wurde. Wenn es also um Gericht und Strafe geht, kannst du dich wirklich … *entspannen.*

TEIL 2

# ENTSPANNE DICH IN DER REALITÄT DER AUFERSTEHUNG

9

# DU MUSST DICH NICHT UMBRINGEN

Vielleicht hast du schon einmal gehört: »Als Christ muss ich mir selbst sterben. Alles muss von Gott kommen und nichts von mir. Ich muss abnehmen, er aber muss zunehmen.«

Viele von uns scheinen in die Vorstellung vernarrt zu sein, uns selbst zu sterben, abzunehmen oder irgendwie zu verhindern, Gott im Weg zu stehen. Wir glauben, dass wir für Gott ein Hindernis sind. Vermutlich sind wir das Problem. Wir sind mit Jesus und mit dem, was er mit uns tun will, nicht kompatibel. Darum will er uns vielleicht aus der Gleichung entfernen oder sich einiger hässlicher Teile von uns entledigen.

»Ja, ich weiß, dass mein altes Sünder-Ich auf den Altar gelegt wurde, aber vermutlich versuche ich immer wieder, dort herunterzukrabbeln!« Wir bringen ein wenig fragwürdige Theologie mit hinein und das Bild wird nicht deutlicher. Es ist ziemlich schwierig, sich mit Gott zu entspannen, wenn wir denken, dass wir, wie wir im Moment sind, ein kleines bisschen verabscheuungswürdig sind.

Was fehlt? Wir vernachlässigen eine grundlegende Botschaft des christlichen Glaubens – dass wir *bereits* mit Christus gestorben *sind* (siehe Röm 6,6; Gal 2,20). Darum versuchen wir, noch einmal oder noch mehr zu sterben. Aber unser altes Ich ist bereits mit ihm gestorben, nicht auf einem Altar, sondern an einem Kreuz. Und dieser Tod war endgültig (siehe Röm 6,10–11). Wir sind der Sünde gestorben. Wir sind dem Gesetz gestorben (siehe Gal 2,19). Aber wir sind nicht nur gestorben, wir wurden auch auferweckt und innerlich neu gemacht (siehe Röm 6,4; Eph 2,6). Warum versuchen wir also, etwas zu töten, was bereits neu gemacht wurde?

Es ist so menschlich, sich bessern oder reinigen und dann irgendwie jeden Tag aufs Neue den Knopf für »Neustart« drücken zu wollen. Wir glauben, dass wir das Problem sind, obwohl wir, unverständlicherweise, *jetzt sogar Teil der Lösung sind.* Gott will uns nicht mehr ersetzen – das hat er bereits getan, als er uns ein neues Ich, eine neue Schöpfung gab. Jetzt sind wir seine geistlichen Kinder (siehe Joh 3,6; Röm 6,13; 1Kor 6,17). Er will uns also nicht ersetzen – er will uns umarmen!

## Die Kunst des Nichtstuns

Wir wollen sein »wie Jesus«, und wir versuchen, uns so zu verhalten wie er. Vielleicht hoffen wir, dass unser Wesen sich jeden Tag Stück um Stück verändern wird. Aber die Wahrheit ist, dass wir tief in unserem Inneren so *sind* wie er. »Denn gleichwie Er ist, so sind auch wir in dieser Welt« (1Joh 4,17).

Wie Jesus sein zu wollen ist etwas ganz anderes, als festzustellen, dass wir aufgrund einer radikalen, geistlichen Herz-Operation wie Jesus *sind*! Die eine Sichtweise verleitet zu Anstrengung. Die andere führt zu Entspannung, geistlicher Ruhe. Und wenn wir nun also wirklich so wie er sind? Wenn wir seinen Geist (siehe Röm 5,5; Tit 3,5–6), sein Wesen (siehe 2Petr 1,4), seinen Verstand (siehe 1Kor 2,16) in uns haben? Und wenn er uns verändert

– unseren Geist und unser Herz –, damit wir jetzt zu ihm »passen« (siehe Hes 36,26–27; 1Kor 6,17)?

Wer hat dir überhaupt erzählt, dass mit dir etwas nicht stimme? Gott fragte Adam vor langer Zeit im Garten: »Wer hat dir gesagt, dass du nackt bist?« (1Mo 3,11), und mehrere tausend Jahre später kauern wir immer noch in der Ecke und schämen uns und bedecken uns mit den Feigenblättern unserer Selbstverbesserungsversuche.

Vielleicht glauben wir sogar, es sei demütig, sich schmutzig und distanziert zu verhalten. Aber das ist keine Demut. Vielleicht ist es sogar Stolz, der »Opfergeschmack« der Selbstbezogenheit: »Schau mich an. Schau, wie demütig und sündig ich bin. Ich bin nicht würdig! Ich bin nicht würdig!«

Die Botschaft des wahren Evangeliums befreit uns davon. Jetzt können wir unseren Blick von falscher Demut abwenden und ihn auf Jesus heften. Gott hat es sogar so eingefädelt, dass wir *genau das* tun können! Deine Vergebung bedeutet, dass du deine Vergangenheit vergessen kannst. Deine Annahme bedeutet, dass du nicht mehr darüber nachdenken musst, ob du »gut genug« bist. Deine Nähe zu Gott bedeutet, dass du nicht mehr versuchen musst, ihm nahezukommen, weil du Gott schon so nah bist, wie es irgend möglich ist (siehe Röm 6,5; 1Kor 6,17).

Steig aus diesem Zug aus.

Hör auf, ihm nahekommen zu wollen. Hör auf, ihm nahe bleiben zu wollen. Entspanne dich. Praktiziere die Kunst des Nichtstuns – nichts tun, um *mehr* Vergebung zu erhalten, nichts tun, um *mehr* Annahme zu erhalten, nichts tun, um *mehr* Nähe zu erhalten. Du *kannst* nichts tun, um zuerst »toter« und dann »lebendiger« in Christus zu werden. Geistlich gesehen wurden wir an diesem Kreuz gekreuzigt. Christus ist »ein für alle Mal« gestorben, und genauso sind wir der Sünde »ein für alle Mal« gestorben (siehe Röm 6,10–11).

Sollten wir also uns selbst sterben? Uns unserer selbst entledigen? Der Sünde Stück für Stück mehr sterben?

Der geistliche Tod mit Christus erfolgt nicht stufenweise. Wir sterben der Sünde nicht, indem wir die Bibel lesen oder beten oder in den Gottesdienst gehen. Wir sterben *nur* durch Kreuzigung. Du kannst dich auch nicht selbst kreuzigen. (Stell dir das bildlich vor: Erst nagelst du eine Hand fest. Und was machst du dann?) Nein, du musst von jemand anderem gekreuzigt werden. Und zum Glück ist das geschehen! Ruhe dich also einfach in dieser Realität aus. Es ist vorbei. Alles, was du jetzt noch tun kannst, ist, diese Realität festzustellen, deine Gedanken auf das zu richten, was du jetzt bist, und zu entspannen. »Geht von der Tatsache aus, dass ihr für die Sünde tot seid, aber in Jesus Christus für Gott lebt« (Röm 6,11 NGÜ).

## Theologie à la Monty Python

Ja, ich weiß. Man hat dir immer wieder erzählt, dass du »täglich sterben« musst. Aber das alles ist ein Missverständnis. Paulus sagt das *ein einziges Mal*, aber er spricht davon, wie er von wilden Hunden angefallen wird, wenn er auf der Landstraße unterwegs ist (siehe 1Kor 15,30–32). Paulus meinte damit, dass er buchstäblich täglich dem Tod ausgesetzt sei – dem körperlichen Tod. Er bezweckte mit diesem Vers nie, dass wir ihn nehmen und daraus einen finsteren, grausamen, geistlichen Tod machen, den wir jeden Tag aufs Neue erleiden müssen. Das ist keine Theologie des »So-gut-wie-tot-Seins« wie in Monty Pythons Film »Ritter der Kokosnuss«.

Doch sollen wir nicht unser Kreuz auf uns nehmen? Hat Jesus nicht gesagt, dass wir das tun sollen (siehe Mt 16,24)?

Ja, aber als Jesus sein Kreuz auf sich nahm, wohin ging er da? Nach Golgatha. Wenn wir also unser Kreuz auf uns nehmen und ihm nachfolgen, wo landen wir dann? Auf Golgatha bei ihm, um zu sterben. Und genau das ist mit uns geschehen, als wir mit ihm gekreuzigt wurden (siehe Röm 6,6; Gal 2,20)!

Ja, aber was ist mit der Stelle, wo er sagt, dass wir unser Kreuz *täglich* auf uns nehmen sollen (siehe Lk 9,23)?

Es steht außer Frage, dass wir jeden Tag aufwachen und von der Tatsache ausgehen sollen, dass wir für die Sünde tot sind, aber in Jesus Christus für Gott leben (siehe Röm 6,11). Doch das ist etwas ganz anderes, als uns selbst aufs Neue töten zu wollen. Gott sagt uns damit, dass wir uns täglich als neu in Jesus Christus betrachten sollen, weil wir neu *sind*. Für ein »persönlichkeitsgespaltenes Christsein«, in dem wir halb alt und halb neu sind und versuchen, eine Hälfte davon zu unterdrücken (oder zu töten), gibt es keinen Platz! Das klingt eher nach östlicher Religion als nach Christentum.

## Hardware versus Software

Vielleicht denkst du: »Das klingt ja nett, aber ich sündige immer noch. Die ganze Zeit! Das klingt für mich also ehrlich gesagt nach Wunschdenken.«

Ja, ich weiß, dass du immer noch sündigst. Ich auch! Aber hier geht es nicht um Wunschdenken. Ich will damit sagen: Wenn du in Christus bist, ist es wahr. Du *bist* neu. Und du wirst deine neue Identität so oder so unter Beweis stellen – entweder sündigst du und fühlst dich hinterher elend (weil du nicht dafür geschaffen bist!) oder du lebst in der Abhängigkeit von Christus und bist erfüllt. Egal wie, du stellst unter Beweis, dass du eine besondere Person bist, alles andere als gewöhnlich – eine neue Schöpfung, die im Kern wie Jesus ist (siehe 2Kor 5,17; 1Joh 4,17). Du bist nicht wie der Typ nebenan.

Ja, wir lernen und wachsen immer noch in der Erkenntnis von Jesus (siehe 2Petr 3,18). In unserem Verstand findet Veränderung statt, während unsere Denkweise generalüberholt wird. Aber das heißt nicht, dass unser geistlicher Tod mit Christus erfunden war. Er ist tatsächlich erfolgt. Aber die Operation war geistlicher, nicht seelischer Natur. Sie erfolgte in der Mitte deines geistlichen Seins. Aber genauso wie ein Mobilgerät ständig neue Downloads braucht, braucht auch unser Denken »Wahrheits-Updates«: »Lasst euch [in eurem Wesen] verwandeln durch die Erneuerung eures Sinnes« (Röm 12,2). Aber denk daran, dass trotz all dieser Software-Downloads die geistliche *Hardware* an sich (unser menschlicher Geist) nagelneu und dazu geschaffen ist, mit der neuesten Seelen-Software zu arbeiten!

Verwechsle die Software nicht mit der Hardware. Ja, viele Christen denken heutzutage, dass sie eine »sündige Natur« und daneben vielleicht eine weitere (neue) Natur haben. Zwei Naturen, du weißt schon. Dieser Irrtum entsteht, weil *wir immer noch sündigen und dafür eine Erklärung brauchen*. Dabei verwechseln wir vielleicht die Software (die Updates braucht) mit der Hardware. Vielleicht denken wir, unsere Herzen müssten deshalb noch sündig und böse sein, weil wir es immer noch massenhaft mit Gedanken zu tun haben, die bis zum Himmel stinken.

## Sündige Natur oder Fleisch?

Ein Übersetzungsfehler in der englischen Bibel *New International Version* (NIV) von 1984 war in diesem Punkt nicht gerade hilfreich.

Christen versuchen herauszufinden, wie sie in Christus einerseits neue geistliche Geschöpfe sein (tot für die Sünde und lebend für Gott) und andererseits trotzdem diese unangenehmen sündigen Gedanken in ihrem Kopf haben können. Unterdessen vermittelte die NIV ihnen, sie hätten eine »sündige Natur«. Doch der Begriff »sündige Natur« ist für das griechische Wort *sarx*, das unter anderem in Galater 5 und Römer 7–8 verwendet wird, noch nicht einmal ansatzweise eine gute Übersetzung.

Der griechische Begriff *sarx* bedeutet einfach »Fleisch«. Das ist nicht unsere geistliche Natur. Nein, unsere geistliche Natur ist neu und nicht sündig. Bedenke, dass unser altes Ich mit Christus gekreuzigt wurde und wir in unserem geistlichen Kern tatsächlich eine neue Schöpfung geworden sind (siehe Röm 6,6; 2Kor 5,17).

Man muss den Herausgebern der NIV zugutehalten, dass sie diesen Fehler dreißig Jahre später in einer neuen Herausgabe ausgemerzt haben. Und jetzt müssen wir alle aufholen, was wir bisher versäumt haben. Aber welcher unbeabsichtigte Folgeschaden ist durch die Übersetzung »sündige Natur« entstanden? Die Gläubigen liefen herum und dachten, ihre geistliche Natur sei zumindest zur Hälfte immer noch schmutzig und hässlich. Wir sagen, wir seien hoffnungslos verdorben, und halten uns für demütig, weil wir diesen Standpunkt vertreten.

Aber sag mir mal: Wenn Gott in unser Leben eingreift, unser altes Ich tötet, uns auferweckt und uns neu erschafft zu guten Werken, mit einem neuen Geist, einem neuen Herzen und Gottes Geist, der dauerhaft in uns versiegelt ist, wie schätzt du dann deine geistliche Natur ein? Wir sind jetzt tatsächlich so neu und anders, dass wir sogar »göttlicher Natur teilhaftig« sind (2Petr 1,4)!

Wenn wir die wahre Bedeutung von *sarx* (»Fleisch«) herausfinden wollen, dann ist es das Beste, direkt zur Quelle – der Bibel – zu gehen, um zu sehen, wie das Wort dort gebraucht wird. Dort finden wir Folgendes:

1. Das Fleisch ist etwas, von dem wir unser Denken bestimmen lassen (Röm 8,6–7 NLB).
2. Das Fleisch ist etwas, in dem wir wandeln können (2Kor 10,3; Gal 5,16).
3. Das Fleisch kämpft gegen den Geist (Gal 5,17).
4. Das Fleisch ist gleichbedeutend mit menschlicher Anstrengung (Gal 3,3).
5. Das Fleisch erzeugt Stärke und verleiht Status – einen Lebenslauf (1Kor 1,26; Phil 3,4–6).
6. Das Fleisch kann zum Objekt unseres Vertrauens werden (Phil 3,4).

Das Fleisch ist nicht unsere geistliche Natur. Mit anderen Worten, das Fleisch ist *nicht dein altes Ich*, das irgendwie wieder zum Leben erweckt wird. Nein, dein altes Ich wurde gekreuzigt, begraben und ist jetzt nicht mehr da. Das Fleisch ist nur ein »Überbleibsel« in deinem Denken und deiner Lebensanschauung. Bist du als Neubekehrter am nächsten Morgen mit einem vollständig neuen Denken aufgewacht? Natürlich nicht! Aber du bist mit einem neuen Geist, einem neuen Herzen und neuen Wünschen in deinem Innersten aufgewacht.

Was genau ist also das Fleisch? Das Fleisch ist eine Art zu denken oder zu handeln. Das Fleisch ist ein Netzwerk von Gewohnheiten und Strategien, die wir anwenden, um durchs Leben zu gehen, Leid zu vermeiden und nach Erfolg zu streben. Zurück zu unserem Computervergleich: Das Fleisch ist wie eine veraltete Software, die in unserer Seele läuft (Verstand, Wille, Gefühle) und die nicht mit unserer neuen geistlichen Hardware (unserem neuen menschlichen Geist) kompatibel ist. Das Fleisch ist die seelische Dimension (das Gedankennetzwerk), aus der wir leben, wenn wir unsere Einheit mit Christus außen vor lassen. Es ist eine weltliche Lebensanschauung, von der wir unser Denken bestimmen lassen oder auf die wir unser Vertrauen setzen können.

Aber das Fleisch, das sind nicht *wir*! Darum zahlt es sich nie aus, wenn wir als Gläubige uns von der weltlichen Denkweise (dem Fleisch) bestimmen lassen. Das kann in unseren Augen gut aussehen. Das kann sogar angepasst und selbstverbessernd erscheinen. Oder es sieht aus wie ein hässliches Mach-was-du-willst-um-dir-selbst-zu-gefallen-und-um-weiter-zu-kommen. Beide Denkweisen sind falsch und werden uns jedes Mal enttäuschen und im Stich lassen.

Das Leben mithilfe des Fleisches meistern zu wollen, ist trist und zahlt sich nie wirklich aus. Keine Chance, denn Gott allein hat das Monopol auf Erfüllung. Vom Fleisch können wir nur Enttäuschung, Verwirrung oder Elend erwarten.

Das ist eine Sackgasse.

Doch einige Dinge, die wir heute über das Leben als Christ hören, veranlassen uns vielleicht zu glauben, wir sollten uns ans Werk machen und unser Bestes geben, radikal sein und die Welt verändern! Aber das sind nur Anreize für das religiöse Fleisch. Regelorientiertes oder selbstverbesserndes Fleisch ist keinen Deut besser als andere Erscheinungsformen des Fleisches (siehe Gal 3,3; Kol 2,20–23). Wenn wir diesen Weg einschlagen, vertrauen wir nicht »dem von Gott gewirkten Wachstum« (Kol 2,19).

Es ist also wichtig, sich bewusst zu werden, dass *sowohl* die Variante des religiösen »Streng-dich-mehr-an«-Fleisches *als auch* die »Gib-auf-und-leb-wie-der-Teufel«-Variante danebenliegen. Es gibt noch eine dritte und bessere Möglichkeit – und diese besteht darin, sich in der vollen Genüge des Geistes Gottes zu entspannen (siehe 2Kor 12,9; Gal 5,16).

# 10

# INNERLICH ERNEUERT

Das Fleisch arbeitet nicht allein. Es hat einen Komplizen, einen Verbündeten namens *Sünde.* Wir sprechen hier von der Sünde als Substantiv. Von einer Person, einem Ort, einer Sache, einem Begriff, du weißt schon. Nicht von einem Verb (*sündigen*), sondern von einem Substantiv – einer Sache. Und würdest du in einem Lexikon neutestamentlicher Begriffe nachschlagen, würdest du erfahren, dass dieses Substantiv *Sünde* personenähnliche Eigenschaften besitzt. Sie plant, verführt und *wirkt durch den Körper,* wenn sie kann.

Das heißt also, dass ein Sündenparasit uns mit Gedanken füttert.

Das ist enorm bedeutend. Endlich haben wir eine Erklärung für das, was sich in unserem Gedankenleben abspielt. Nicht wir sind schmutzig, nicht wir sind hässlich, die Sünde ist es! Diese Macht namens Sünde hat Zugang zu uns, aber sie ist *nicht* wir (siehe Röm 7,17.20). Wenn wir es zulassen, dann wirkt diese bösartige Macht durch uns (siehe Röm 6,12).

Es kann den entscheidenden Unterschied machen, wenn wir die wahre Quelle der Versuchung erkennen!

## Der Kreislauf aus Versuchung und Anklage

Der Prozentsatz von Männern, die in Pornografie hineingeraten, ist ziemlich hoch. Eine kurze Durchsicht aller verfügbaren Studien zeigt, dass zwischen 50 und 80 Prozent aller Männer sich Pornos anschauen. Zum Glück unterscheiden sich die Zahlen bei christlichen Männern *deutlich* davon – sie liegen bei ungefähr 50 bis 80 Prozent. (Achtung: Das ist kein Tippfehler, sondern *tatsächlich* ein bisschen sarkastisch gemeint.)

Mindestens einmal im Monat erhalte ich eine E-Mail von jemandem, der Hilfe sucht, um aus seiner Pornografiesucht herauszukommen. Manche Männer fühlen sich, als würden sie darin »feststecken« und könnten nicht mehr damit aufhören. Hinzu kommt dann noch, dass sie sich völlig alleingelassen fühlen mit ihrer Schuld und Scham, weil anscheinend kein anderer aus ihrem Bekanntenkreis damit Probleme hat – oder es zumindest nicht zugibt! Die Macht der Sünde bietet den Männern zunächst die *Versuchung* und, wenn sie ihr dann erlegen sind, die *Anklage* an.

Zunächst fühlen sie sich kontrolliert, dann schuldig und beschämt.

Der Prozentsatz von Frauen, die sich Pornografie anschauen, ist geringer, liegt aber trotzdem bei 20 bis 40 Prozent. Christliche Frauen berichten, dass sie neben ihrer Fantasie und Lust hauptsächlich mit Bitterkeit, Feindseligkeit, Kritik oder übler Nachrede und mangelndem Vertrauen zu kämpfen haben. Zuerst fühlen sie sich von dieser Art zu denken kontrolliert. Danach fühlen sie sich schuldig, weil sie sich davon kontrollieren lassen! Auch hier bietet die Macht der Sünde ihnen zuerst Gedanken der *Versuchung* an, bevor sie sie *anklagt,* weil sie diese Gedanken zulassen. Auch sie fühlen sich zunächst kontrolliert, dann schuldig und beschämt, während sie Gedanken zulassen wie: »Wenn ich wirklich Christ wäre, würde ich so etwas gar nicht denken!«

Ganz egal, womit du zu kämpfen hast, du kennst diesen Kreislauf nur allzu gut. Du hast darin gelebt. Aber was ist, wenn du überdenken müsstest, was in solchen Momenten mit dir geschieht? Was ist, wenn die Gedanken, die dich quälen, gar nicht von dir selbst kommen? *Bist du bereit, dein gesamtes Gedankenleben ganz neu zu interpretieren?*

## Du bist *nicht* das, wofür du dich hältst!

In der Bibel steht bekanntlich, dass wir eine neue Schöpfung sind (siehe 2Kor 5,17), dass wir den Sinn des Christus haben (siehe 1Kor 2,16), dass wir Gottes Meisterstück sind (siehe Eph 2,10 NGÜ) und dass wir mit Christus geistlich versetzt sind an die rechte Seite Gottes (siehe Eph 2,6). Was wäre also, wenn mit dir als Person gar nichts verkehrt ist?

Vielleicht stellen wir uns vor, dass Gott ein großer Fehler unterlaufen sein muss, als er speziell uns schuf. Ich will dir eine Frage stellen: Was wäre, wenn ihm kein Fehler unterlaufen ist? Was wäre, wenn du deine Reinheit und deine Nähe zu Gott nur wegen all der Gedanken, die in deinem Kopf herumwirbeln, in Zweifel gezogen hast? Und vor allem, was wäre, wenn diese Gedanken gar nicht von dir kommen? Was wäre, wenn du genau das bist, was Gott über dich sagt? Und wenn deine Sicht von dir selbst nicht mit *Gottes* Sicht von dir übereinstimmt, wer von euch beiden hat dann am Ende recht?

Ich habe erlebt, wie die Wahrheiten unserer neuen Identität in Christus Ehen gerettet und zerstörte Menschenleben wiederhergestellt haben. Ich habe erlebt, wie Männer und Frauen als Team eins wurden und ihren Ehepartner nicht mehr als Feind betrachteten, sondern zusammen die Sünde zu ihrem gemeinsamen Feind erklärten. Sobald sie die Schuld auf den betrügerischen Parasiten namens Sünde verlagert hatten, konnten sie ihren Kampf gegen die Pornografie oder ihr Problem mit Bitterkeit, oder was auch immer es war, aus einer ganz neuen Perspektive betrachten. Ihnen wurde bewusst, dass sie eigentlich nicht einander bekämpften; ihr Kampf richtete sich »nicht gegen Fleisch und Blut« (Eph 6,12), sondern gegen einen Dritten, einen Betrüger namens Sünde. Davon ausgehend fingen sie nicht nur an, ihren wahren Feind zu erkennen, sondern auch immer mehr die Identität *des anderen* in Christus wahrzunehmen. Sie konnten das neue, vertrauenswürdige Herz besser erkennen, das Gott ihrem Ehepartner gegeben hatte. Durch diese starken Wahrheiten wurde der Weg zur Wiederherstellung geebnet.

Wir haben zwei Optionen: Entweder leben wir in der schönen Realität dessen, wer wir wirklich sind, oder wir leben in einer kräftezehrenden Täuschung. Was wäre also, wenn du wirklich mit Christus gekreuzigt, mit Christus begraben und mit Christus auferweckt wurdest? Was wäre, wenn du wirklich eine geistliche Operation durchlaufen hast, die dich im Innersten neu gemacht hat? Was wäre, wenn du eigentlich gar nicht sündigen willst? Was wäre, wenn du jedes Mal, wenn du schließlich doch sündigst, eigentlich *gegen* deine Natur handelst?

## Du bist kein knallbunter Gartenzwerg!

Vielleicht hast du schon einmal von der gängigen Vorstellung gehört, dass du möglicherweise noch nicht ganz zu Gott gehörst. Manche Bibellehrer sagen, dass du wie ein Haus mit vielen Zimmern bist und dass, als du »dein Leben Christus gegeben hast«, du ihm vielleicht nicht alles von dir gegeben hast. Sie sagen, dass es vielleicht noch mehr Zimmer gibt, die du für ihn aufmachen musst, damit er hereinkommen und das Haus reinigen und dich mehr und mehr in Besitz nehmen kann.

Nun, ich verstehe, was diese Leute meinen, aber lass mich ein wenig mit ihrem Vergleich spielen. Sieh mal, du bist Gottes Eigentum (siehe Eph 1,14). Gott hat dein Haus gereinigt (Vergebung) und ist dann eingezogen (durch seinen Geist). Du gehörst Gott zu 100 Prozent und er teilt dich mit nichts oder niemandem. Du musst dir also keine Sorgen darüber machen, wie viel von dir neu oder rein oder in Gottes Besitz ist. Alles von dir – Körper, Seele und Geist – gehört vollständig ihm (siehe 1Kor 6,19–20).

Aber in unserem Garten stehen tatsächlich noch ein paar schrille Gartenzwerge, die verschwinden müssen! O Mist, an dem Baum da drüben hängt sogar noch ein Motor! Und die Nachbarn haben schon bemerkt, dass wir uns wie Hinterwäldler verhalten. Also, ja, das Haus ist wirklich sauber und Gott ist komplett eingezogen. Aber bei den Haltungen und Taten, die wir nach außen hin in unserem Garten zur Schau stellen, ist noch etwas Arbeit notwendig. Und an dieser Stelle kommt unser Wachstum ins Spiel.

Und trotzdem: Selbst wenn du noch Fortschritte machen musst in den Dingen, die die Nachbarn von außen sehen können, musst du dir keine Sorgen darüber machen, wie viel von deinem Haus bereits dem Herrn gehört. Sei beruhigt – du bist kein knallbunter Gartenzwerg! Du bist nicht das, was du tust. Du bist ein Kind Gottes und du gehörst *vollständig* zu Jesus Christus.

## Eine Gerechtigkeit, die zählt

Eine andere gängige Vorstellung, die dieser Tage die Runde macht, ist, dass wir als Christen nicht wirklich gerecht sind. Wir werden von Gott nur so angesehen, *als ob* wir gerecht wären, sagen manche, sozusagen in einem »positionellen« Sinne.

Diese Art von Lehre behauptet, dass wir hier und jetzt auf dem Planeten Erde keine echte Gerechtigkeit besitzen. Stattdessen tut Gott oben im Himmel im Grunde nur so, als wären wir gerecht. Er schaut uns durch eine Spezialbrille an, vielleicht so etwas wie eine »Jesus-Brille«. Oder, was noch wahrscheinlicher ist, er schaut auf Jesus, *anstatt* auf uns! Er hält es nicht aus, in unsere Richtung zu schauen, weil wir so voll scheußlicher Sünde sind. Darum schaut er stattdessen weg, hin auf Jesus, und macht gute Miene zum bösen Spiel, um unsere Existenz mit Fassung ertragen zu können.

Hast du schon einmal von dieser Vorstellung gehört? Sie klingt zunächst richtig, entbehrt jedoch immer dann jeder Logik, wenn man auf eine dieser Stellen stößt, in denen von einer »neuen Schöpfung« die Rede ist – du weißt schon, die, in denen steht, dass wir ein neuer Mensch sind oder eine neue Schöpfung oder von neuem geboren oder vom Geist geboren oder von Gott geboren (siehe Joh 3,6–7; 1Petr 1,3; 1Joh 3,9). In diesen Stellen steht offensichtlich, dass Gott uns geistlich *geboren* hat, sodass wir jetzt im Kern unseres Wesens – in unserem menschlichen Geist – *tatsächlich* neu und anders sind.

Das ist *echte* Gerechtigkeit! Wenn das Innerste unseres Wesens herausgerissen und getötet und dann gegen ein neues Innerstes ausgetauscht wurde, dann ist etwas Drastisches geschehen. Und dieses drastische Etwas bedeutet, dass du jetzt gerecht bist. Es ist keine vorgetäuschte Gerechtigkeit, sondern eine echte Gerechtigkeit – eine Gerechtigkeit, die uns hier auf der Erde Kraft zur Veränderung gibt, nicht erst später, wenn wir vermeintlich noch schnell eine gelbe Gerechtigkeitspille schlucken, kurz bevor wir die Himmelspforte erreichen.

Denk mal darüber nach. In der Bibel steht, dass wir in der Zukunft einen neuen Auferstehungs*leib* bekommen (siehe Röm 8,23; 2Kor 5,2), aber das war's auch schon! Nirgends wird erwähnt, dass wir in letzter Minute noch einmal geistlich aufpoliert werden, denn in unserem Geist wurden wir *bereits* verändert. Wir sind »die Gerechtigkeit Gottes« geworden (siehe 2Kor 5,21).

In unserem Inneren sind wir bereit für den Himmel!

Aber einige Prediger behaupten, wir Christen hätten ein sündiges, böses Herz. Nun, wenn das wahr wäre, was um alles in der Welt bedeutet es dann, ein *neues* Herz und einen *neuen* Geist und den Geist Gottes in uns zu haben? Ich meine, hat Gott uns denn nun tatsächlich spürbar verändert oder hat er es nicht getan?

Wie können wir das falsch verstehen? Wie kann das so vielen Predigern, die alle dieselbe Bibel lesen, entgangen sein? Ich denke, die Antwort darauf ist ziemlich einfach. Sie gehen davon aus, dass wir eine »Sache« erhalten haben – die Errettung (wie eine Eintrittskarte) – und irgendeinen neuen »Ort« namens Himmel, an den wir kommen, und das war's.

Aber es gibt noch so viel mehr!

Du wurdest verändert. Deine DNS wurde ersetzt, deine Identität ausgetauscht. Dein Herz ist nicht mehr sündig; es ist neu (siehe Hes 36,26; Röm 6,17)! Spürst du nicht, wie dein Herz dich dahin zieht, diese Wahrheit zu glauben – dass du in deinem Innersten, sogar schon jetzt in dieser Welt, wie Jesus bist (siehe 1Joh 4,17)?

## *Simul iustus et peccator?*

Wir hören, wie manche sagen: »Ja, aber Paulus bezeichnete sich selbst als den ›größten aller Sünder‹ (siehe 1Tim 1,15), also kann das nicht stimmen. Wir sind von unserer Natur her gleichzeitig sowohl Sünder als auch Heilige!« Dann geben sie den altbekannten lateinischen Satz »*simul iustus et peccator*« von sich (Übersetzung: »zugleich Gerechter und Sünder«), um gelehrt und offiziell zu klingen.

Dann muss es doch wahr sein, oder? Falsch.

Als Erstes sage ich dazu: *Desine duplicem sermonem* (Übersetzung: »Hör auf mit dem doppeldeutigen Gerede!«). Wir sind in unserem Wesen nicht zugleich Heilige und Sünder! Wenn du dir genauer anschaust, was Paulus sagen wollte, wird dir klar, dass er über sein früheres Leben als Christenmörder sprach (siehe 1Tim 1,13–16). Als Pharisäer und Verfolger der Gemeinde stellte er aus seinem Blickwinkel einen Weltrekord für abscheuliche Sünden *in seiner Vergangenheit* auf und kam in diesem Sinne zu dem Schluss, der ›größte aller Sünder‹ zu sein. Aber dann rettete Gott ihn und machte ihn zu einem neuen, gerechten Heiligen!

Das ist der Punkt – ganz egal wie unsere Identität früher ausgesehen haben mag: Wir haben jetzt eine neue Identität – als gerechte und tadellose Heilige. Wir sollten nicht versuchen, unsere alte Identität mit unserer neuen zu vereinigen. Das hat nichts mit »geistlich« oder »gelehrt« zu tun!

Lassen wir also das lateinische Geschwafel hinter uns und entspannen wir uns in der Realität, dass Paulus die Gemeinde in fast jedem seiner Briefe als Heilige ansprach (und nicht als Sünder)! Wir sind in unserem Inneren tatsächlich anders, und darum fällt es uns auch so schwer, weiterhin zu sündigen. In Römer 6,2 (NLB) stellt Paulus uns folgende Frage: Wie *können* wir noch in der Sünde leben? Und in 1. Johannes 3,9 steht, dass Gottes Same in uns bleibt und dass wir Sünde *nicht* weiter als einen beständigen Lebensstil ausüben *können*. Wir wollen nicht sündigen, um besser darin zu werden. Wir hassen die Sünde. Wir verabscheuen sie. Ja, wir *waren* unserer Natur nach Sünder, bevor unsere geistliche Neugeburt stattfand. Wir *hatten* eine Schwäche für die Sünde. Doch jetzt haben wir ein gehorsames Herz und kein sündiges mehr (siehe Röm 6,17)!

Wenn die Versuchung zuschlägt, will der Feind uns in Panik versetzen: *Wie kann ich nur so etwas denken? Was ist mit mir los? Wenn ich so schmutzig bin, kann ich der Versuchung auch gleich nachgeben!* Aber Gott will nicht, dass wir im Moment der Versuchung in Panik geraten, sondern dass wir uns stattdessen in der Realität unserer neuen Identität *entspannen*.

Ich will dir folgende Frage stellen:

Weißt du, wer du *wirklich* bist?

11

# DU HAST AUFERSTEHUNGSLEBEN ERHALTEN

Oft sprechen die Leute vom ewigen Leben, als wäre es irgendeine *Sache*, wie eine Eintrittskarte für den Himmel oder ein Geschenkpaket, das bei unserer Ankunft dort bereitstehen wird. Vielleicht halten wir das ewige Leben auch für ein Leben in ferner Zukunft, das wir später einmal haben werden. Das ewige Leben ist für uns jetzt vielleicht etwas, über das wir in einem Buch lesen oder über das wir in einem Gebäude sprechen, in dem wir einmal die Woche eine Stunde lang sitzen.

Aber das ewige Leben ist keine verbesserte Form deines bisherigen Lebens.

Und das ewige Leben ist keine verlängerte Form deines bisherigen Lebens.

Das ewige Leben ist das Leben *Christi.*

Wenn wir also ewiges Leben erhalten, erhalten wir in Wirklichkeit eine Person und damit ihr Leben. In Johannes 14,19 sagt Jesus, dass wir ewig leben werden, weil er ewig lebt. In Kolosser 3,4 steht, dass Christus unser Leben *ist.* Wenn wir das ewige Leben verlieren würden, würde das bedeuten, dass wir Jesus verlieren. Wenn wir Jesus verlieren würden, würden wir das ewige Leben verlieren. Sie sind ein und dasselbe. Das ewige Leben ist

Jesus (siehe 1Joh 5,12). Und *sein Leben* (nicht nur sein Tod) errettet uns (siehe Röm 5,10).

Christus zu haben bedeutet, Errettung zu haben. Manche vertreten die Ansicht, dass man Errettung haben kann, ohne schon den Geist zu haben. Aber die beiden sind ein und dasselbe. Den Geist zu haben bedeutet, Errettung zu haben. Errettung zu haben bedeutet, den Geist zu haben. Der Geist Christi ist der Geist des (ewigen) Lebens (siehe Röm 8,2). Man kann nicht das eine ohne das andere haben. Römer 8,9 offenbart uns, dass wir gar nicht erst zu Gott gehören, wenn wir den Geist nicht haben. Kann man es noch deutlicher ausdrücken?

Du kannst dich in der Erkenntnis entspannen, dass du direkt von Anfang an alles von Jesus hast, was du jemals brauchen wirst. Du musst nicht noch mehr von Jesus kaufen. Und wenn jemand an deine Tür klopft und dir erzählt, dass du mehr von einer bestimmten geistlichen Gabe brauchst (um so zu sein wie er) oder jene zweite Segnung oder eine extra Portion des Geistes, dann denke daran, dass du bereits alles hast, was du zum Leben und zum Wandel in Gottesfurcht brauchst. Du bist vollständig, und es fehlt dir an nichts (siehe Kol 2,9–10; 2Petr 1,3).

Viele glorifizieren heutzutage die Suche nach mehr. Sie sagen uns, wir müssten einen »Hunger« nach mehr von Gott entwickeln. Sie sagen uns, dass wir nach mehr von Jesus »dürsten« sollen. Dabei verkündet der Sohn Gottes das exakte Gegenteil: »Wer zu mir kommt, den wird nicht hungern, und wer an mich glaubt, den wird niemals dürsten« (Joh 6,35).

Also ruhe dich in dem aus, was du hast. Du hast den ganzen Jesus, du wirst nie noch mehr von ihm brauchen (siehe 2Petr 1,3). Und er ist genug!

Es geht nicht um das, *was* wir tun. Es geht vielmehr darum, *wie* wir es tun. Das ist alles, was für Gott zählt (siehe Gal 5,6; Hebr 11,6). Er will, dass wir Frucht bringen, aber nur durch den Glauben an unsere Einheit mit Christus. In Römer 7,4 steht, dass wir *dem Gesetz getötet* sind und mit dem auferstandenen Christus vereint (verheiratet) wurden, *damit wir Gott Frucht bringen.*

Achte auf die göttliche Reihenfolge: Wir sind dem Gesetz getötet worden, um Frucht zu bringen. Die Frucht kann nicht vom Gesetz kommen. Wir sind den Regeln und der Anstrengung gestorben, damit wir auf diese neue Weise leben können – *aus* Jesus (siehe Kol 2,20–23). Das ist die einzige Möglichkeit, um überhaupt Frucht zu bringen. Es kommt allein auf die Quelle an.

Du gehst nicht in einen Weinberg und siehst, wie die Trauben alles geben, um zu wachsen. Nein, für sie ist nur wichtig, dass sie mit dem Weinstock verbunden sind. *Ausschließlich* darum geht es. Ohne diese Verbindung geht nichts. Vielleicht ist es also an der Zeit, dass wir uns einfach in Jesus hineinfallen lassen und uns in ihm entspannen.

Aber interpretiere da jetzt nicht hinein, dass wir in Passivität verfallen sollen! Ich will damit nur sagen, dass menschliche Anstrengung, ganz egal wie viel davon, in Gottes Augen nichts erreicht. Er will, dass wir *Empfänger* und dadurch *Übermittler* seines Lebens sind (siehe Joh 15,5; Röm 8,11). Warum also sollten wir nicht genau das tun? Warum sollten wir nicht den Beschluss fassen, die Art und Weise zu ändern, wie wir an unser Leben herangehen?

Warum solltest du nicht durch den Glauben an Christus, den Weinstock, leben, wenn du doch bereits mit ihm verbunden bist? Schließlich ist das deine Bestimmung!

## Auch alles von dir!

Bei alledem denke daran, dass du mit Jesus kompatibel bist. Geh nicht der Lüge auf den Leim, dass Gott nur eine Sonntagsausgabe von dir liebt. Nein, wir sprechen hier nicht von irgendeiner weit entfernten »biblischen Sicht« von dir. Das wahre Du, genau hier und jetzt, passt perfekt zu Jesus. Deine Persönlichkeit ist einsatzbereit und auch dein Körper kann Gottes Werkzeug sein (als *lebendiges* Opfer, nicht als totes; siehe Röm 12,1). Alles von dir, jeder Quadratzentimeter von dir ist Gott angenehm (siehe Röm 15,7). Darum können wir uns ihm zur Verfügung stellen (siehe Röm 6,13). Wenn sich diese Wahrheit in unserem Denken verankert, fangen wir an zu sehen, dass Christus, verbunden mit unserer einzigartigen Persönlichkeit, ausreichend ist für alles, was dieser Planet uns bescheren mag. Also nur zu, sprich es aus:

> *Christus, verbunden mit* ________________________
> (setze deinen Namen ein), *ist genug!*

Es geht also *nicht* um »alles von ihm und nichts von dir«. Du bist kein hohler, lebloser Schlauch, durch den er fließen will. Das würde uns zu einer Art östlichem Mystizismus führen. Nein, es ist ganz anders. Anstelle von »alles von ihm und nichts von dir« geht es um *alles* von ihm und *alles* von dir gemeinsam in einer wunderbaren geistlichen Einheit (siehe Röm 6,5; 1Kor 6,17).

Es geht darum, dass du weißt, wer du bist, und dass du dann einfach du selbst bist. Es geht um ihn in dir *und* um dich in ihm (siehe Joh 14,20; 15,4; 17,23). Es ist eine Partnerschaft. Nein, nicht du lieferst die geistliche Kraft dafür. Er liefert die Kraft. Aber du bist der neue Mensch, auferweckt und mit ihm versetzt in himmlische Regionen (siehe Eph 2,6) und kompatibel mit seinem Herzen und seinen Wegen. Du passt. Du passt perfekt zu seinem Geist und seinem Plan.

Diese Botschaft ist wunderschön, entspannend und rüstet uns aus – lasst sie uns annehmen!

## Die Wahrheit über das In-ihm-Bleiben

Vielleicht denkst du: »Aber ich will so gerne in Christus *bleiben*. Wie mache ich das?« Gut, ich verstehe, was du meinst. Aber wir Christen schaffen es, aus etwas so Schönem wie dem In-Christus-Bleiben etwas »Anstrengendes« zu machen, für das wir etwas tun müssen! Der Begriff des *Bleibens* bedeutet einfach nur »wohnen«. Wenn du irgendwo eine Bleibe hast, dann wohnst du dort. In Christus zu bleiben bedeutet also in Christus zu wohnen. Ja, so einfach ist es – wenn du in Christus bist, dann bleibst (wohnst) du in Christus.

Jesus sagt sogar, dass jeder, der nicht in Christus bleibt (wohnt bzw. lebt), wie eine Rebe ist, die ins Feuer geworfen und verbrannt wird (siehe Joh 15,6). Als Christen werden wir nicht brennen, weil wir *tatsächlich* in Christus bleiben. Anstatt es also zu etwas »Anstrengendem« zu machen, für das wir etwas tun müssen, sollten wir da nicht lieber jeden Tag aufwachen und uns über die großartige Realität freuen, dass wir tatsächlich in Christus wohnen (bleiben) und er in uns?

Versteh mich nicht falsch. Natürlich müssen wir immer wieder Entscheidungen treffen, solange wir auf dieser Erde unterwegs sind, und werden mit Versuchung konfrontiert. Aber anstatt »zu versuchen«, in Christus zu bleiben (zu wohnen), können wir stattdessen jetzt die Entscheidung treffen, durch den Geist zu wandeln, *weil wir bereits im Geist leben.*

Das ist ein riesiger Unterschied, oder? Unsere Verbindung mit Christus geht nie verloren. Er wird immer in uns wohnen und wir werden immer in ihm wohnen, ganz egal, wie wir uns verhalten (siehe 2Tim 2,13; Hebr 7,25; 13,5). Aber wenn wir in ihm wandeln, leben wir unsere wahre Identität und unsere gottgegebene Bestimmung aus. Wenn wir das nicht tun und stattdessen im Fleisch wandeln, geben wir uns mit einer Lüge zufrieden und werden nur Frustration und ein unerfülltes Leben erfahren (siehe Gal 5,16).

Also erinnere dich jeden Tag beim Aufwachen daran, wer du in Christus wirklich bist, und dann sei einfach du selbst! Wenn du das tust, tust du beides – *im* Geist leben und *durch den* Geist wandeln.

## »Lasst euch vom Geist erfüllen«

Eine andere Sorge ist vielleicht: »Ja, aber ich will mich doch vom Geist erfüllen lassen! Woher weiß ich denn, dass ich erfüllt bin? Wie *fühlt* sich das an?«

»Vom Geist erfüllt werden« ist ein Begriff, der bereits mehr als genug Aufmerksamkeit erhalten hat. Obwohl dieser Ausdruck nur in der Apostelgeschichte (die nicht erklärt, wie es funktioniert), in Lukas und im Epheserbrief auftaucht, sind darüber schon viele Kontroversen entstanden (siehe Apg 2,4; 4,8; 13,52; Lk 1,15; 1,41; 1,67; Eph 5,18).

Während manche behaupten, das Erfülltsein mit dem Geist sei gleichbedeutend mit dem Reden in neuen Sprachen, sagen andere, dass dem wahren »Erfülltsein mit dem Geist« Zeichen folgen müssen wie das Lachen im Geist, das Beten in einer Engelssprache oder das Umfallen im Geist (hoffentlich in die Arme einer Person, die die Gabe eines »Fängers« empfangen hat).

Vielleicht gibt es über das Erfülltsein mit dem Geist sogar so viele Vorstellungen, wie es christliche Konfessionen gibt! Wie soll man bei dieser Fülle von Ansichten die Wahrheit herausfinden?

Wie immer ist der beste Ansatz, die Bibel im Zusammenhang zu verstehen und Gottes Gedanken zu dem Thema zu lesen. Wie ich schon erwähnt habe, gibt es in der Apostelgeschichte einige Beispiele von Menschen, die mit dem Geist erfüllt wurden. Doch wenn wir aus diesen Versen eine Lehre darüber ableiten wollen, wie das geht, ergibt sich daraus das Problem, dass es sich hierbei um historische Berichte handelt und nicht mehr. Sie beschreiben, dass die Apostel und andere mit dem Geist erfüllt wurden, aber sie zeigen dem Leser nicht, wie man erfüllt wird.

In Wirklichkeit gibt es im Neuen Testament nur einen Brief – den Epheserbrief –, in dem wir aufgefordert werden, uns »vom Geist erfüllen« zu lassen (Eph 5,18 LUT). Es ist nicht überraschend, dass in demselben Brief (und zwar nur zwei Kapitel früher) die deutlichste Erklärung dessen zu finden ist, was es bedeutet, sich vom Geist erfüllen zu lassen: »mit allen Heiligen zu begreifen, was die Breite, die Länge, die Tiefe und die Höhe sei, und *die Liebe des Christus zu erkennen*, die doch alle Erkenntnis übersteigt, *damit ihr erfüllt werdet* bis zur ganzen Fülle Gottes« (3,18–19). Hier sagt Paulus, dass wir bis zur ganzen Fülle Gottes erfüllt werden, indem wir Gottes Liebe erkennen.

Später sagt Paulus den Ephesern, sie sollen sich nicht mit Wein betrinken, sondern sich stattdessen vom Geist Gottes erfüllen lassen (siehe 5,18 NLB). Was bewirkt Wein? Entspannung. Was bewirkt Gottes bedingungslose Liebe? Entspannung! Wenn Paulus also den Ephesern sagt, sie sollen sich vom Geist erfüllen lassen, fordert er sie auf, sich nicht mehr von einem »Stoff« abhängig zu machen, der ihnen Frieden bringt, sondern sich stattdessen auf

Gottes unvorstellbar tiefe Liebe ihnen gegenüber zu verlassen (siehe 3,14–19).

Gottes große Liebe uns gegenüber zu begreifen ist ein Abenteuer, das nie aufhört, darum verwendet Paulus im griechischen Grundtext auch einen Ausdruck, der eine *lebenslange* Entdeckung beschreibt. Im Grunde genommen sagt er: »lasst euch [immer wieder und ununterbrochen] vom Geist erfüllen« (siehe 5,18 LUT). Dieses Erlebnis ist nicht einmalig; es geht um eine lebenslange Beziehung mit einer Person, deren Liebe uns immer wieder fesseln wird!

Vom Geist erfüllt zu werden ist sicherlich nichts, was nur einer kleinen Elite vorbehalten ist. Es ist Gottes Absicht, *alle* Gläubigen mit seinem Geist zu erfüllen, während sie entdecken, wie tief seine Liebe zu ihnen ist. Beim Erfülltsein mit dem Geist geht es nicht um Fanatismus, radikale Erfahrungen oder die Zurschaustellung von sichtbarer Kraft. Paulus spricht im Epheserbrief zwar von Kraft und er betet sogar dafür, dass die Christen in Ephesus Kraft erhalten, aber es ist *die Kraft, den Umfang von Gottes Liebe zu begreifen* (siehe 3,16–19).

Ich streite übrigens nicht ab, dass Gott in der Bibel bei denen, die »vom Geist erfüllt« wurden, einige spektakuläre Dinge getan hat und auch heute noch tut! Ich weise nur darauf hin, was das »Erfülltsein mit dem Geist« aus der Sicht von Paulus im Epheserbrief bedeutet, der der einzige Brief ist, der uns dazu auffordert, uns erfüllen zu lassen. Es stimmt zwar, dass einige Menschen in der Apostelgeschichte *unter der Inspiration der Liebe Gottes* sprachen und handelten, aber die Ereignisse an sich hatten nichts mit dem »Erfülltsein« zu tun. Aus Gottes Sicht braucht man das »Erfülltsein mit dem Geist« (die Erkenntnis seiner Liebe) sogar, um Lebensmittel an Bedürftige verteilen zu können: »Darum, liebe Brüder, wählt aus eurer Mitte sieben Männer aus, die einen guten

Ruf haben und vom Geist Gottes und von Weisheit erfüllt sind. Ihnen wollen wir diese Aufgabe [die Verteilung der Lebensmittel] übertragen« (Apg 6,3 NLB).

Der Feind hat viele Gläubige davon überzeugt, vom Geist erfüllt zu sein sei nichts für sie, entweder weil sie denken, es sei zu geheimnisvoll und seltsam oder zu schwierig zu erreichen. Aber wenn wir die Bibel zu Rate ziehen, stellen wir fest, dass es beim Erfülltsein mit dem Geist darum geht, *Gottes Liebe zu erkennen.* Wir erfahren, dass das Ganze ein lebenslanges Abenteuer ist und dass jedes Kind Gottes die passenden Voraussetzungen dafür mitbringt. Wer von uns will denn nicht Gottes Liebe zu uns begreifen? Wenn es darum geht, sich vom Geist erfüllen zu lassen, kannst du dich also einfach *entspannen* und die große Liebe deines Vaters zu dir immer besser kennenlernen!

12

# DU KANNST DEINE ERRETTUNG NICHT VERLIEREN

Alle, die behaupten, wir könnten unsere Errettung verlieren, haben Hebräer 6 und 10 zu ihren Lieblingswaffen gemacht. Hebräer 6,6 spricht von denen, die »abgefallen« sind, und Hebräer 10,26 davon, dass für die, die mutwillig sündigen, »kein Opfer mehr übrig« bleibt. Manche halten an diesen Stellen fest und schließen daraus, dass wir als Christen abfallen und irgendwie das Blut Jesu völlig aufbrauchen könnten.

Aber vergiss nicht: An wen wurde der Hebräerbrief geschrieben? An *Hebräer*! Das ist tiefsinnig, oder? Und Kapitel 5 offenbart, dass viele der jüdischen Leser wieder die »Milch« des Evangeliums nötig hatten (siehe V. 12). Sie hatten es einfach nicht verstanden. Ja, sie liebäugelten mit der Botschaft des Evangeliums, aber gleichzeitig kehrten sie zum jüdischen Tempel zurück, um dort Antworten auf ihre Fragen zu finden. Was die ganze Sache mit Jesus anging, waren sie unentschlossen. Darum mussten einige von ihnen Buße tun von ihren toten Tempel-Werken und aufhören, sich nach allen Seiten hin absichern zu wollen (siehe Hebr 6,1–2).

Aus diesem Grund warnt der Schreiber des Hebräerbriefs in Kapitel 6 davor, Jesus zum Gespött zu machen (siehe V. 6). Wie schafften sie es wohl, ihn zum Gespött zu machen? Indem sie *öffentlich* zum Tempel zurücktrotteten und dort ihre Vergebung suchten, obwohl sie bereits vom Blut Christi gehört hatten!

Sieh mal, die Leute, die diesen Brief erhielten (oder zumindest einige von ihnen), waren Zeugen all dessen gewesen, was der Heilige Geist durch die Apostel in Jerusalem getan hatte – Wunder, Heilungen, sogar Totenauferweckungen! Sie hatten all diese Dinge gekostet, und sie hatten die besten Lehrer auf dem Planeten direkt vor ihrer Nase – die Apostel selbst!

Was will man mehr?

Doch diese Leute *kosteten* zwar vom Evangelium, aber sie schluckten es nicht hinunter, damit es sie ernähren konnte (siehe Hebr 6,4–5). Das ist, wie wenn du im Supermarkt den Gang entlangläufst und von einem der Mitarbeiter eine dieser Kostproben erhältst. Du streckst deine Hand aus, greifst nach dem Zahnstocher und manövrierst dieses Testportiönchen vorsichtig in deinen Mund. Aber dann sagst du »Nein, danke« und gehst weiter. Du warst bereit, ein bisschen davon zu probieren, aber du investierst nicht in die ganze Packung.

Wenn du nicht in die ganze Jesus-Packung investierst, hast du das Problem, dass es keine andere echte Option mehr gibt. Du sagst damit, dass die Kreuzigung für dich nicht ausreicht. Du sagst damit, dass Gott für dich noch mehr tun muss als das, was er bereits durch Jesus getan hat. Im Grunde genommen kreuzigst du den Sohn Gottes noch einmal (siehe Hebr 6,6) und beleidigst sein vollbrachtes Werk! Wenn du Jesus also ablehnst, gibt es für dich keine Hoffnung mehr auf Errettung, denn abseits von ihm gibt es keine.

Darum geht es in Hebräer 6 wirklich. Deshalb verwendet der Schreiber den Vergleich vom Erdreich, das »den Regen trinkt«, und dem Erdreich, das dies nicht tut (V. 7). Das erinnert stark an das Gleichnis aus Matthäus 13,1–8 über die unterschiedlichen Böden, von denen einige den Samen aufnahmen und andere nicht. Auch Hebräer 6 spricht davon, das Evangelium entweder anzunehmen oder es abzuweisen, und nicht darüber, zuerst errettet zu werden und diese Errettung dann später zu verlieren.

Darum beschließt der Schreiber seine große Warnung mit einer Erklärung: »*Wir sind aber überzeugt*, ihr Geliebten, *dass euer Zustand besser ist* und mit der Errettung verbunden ist, obgleich wir so reden« (V. 9).

Im Grunde genommen sagt er damit: »Ich weiß, dass das, was ich gerade gesagt habe, unheimlich klingt, aber hey, ihr seid Christen, ich spreche nicht von euch. Was euch betrifft, für euch gibt es eine wesentlich bessere Botschaft, eine Botschaft gewaltiger Dinge, die mit eurer Errettung zu tun haben, auch wenn ich mit denen, die noch unentschlossen sind, auf diese Weise spreche.«

## Was ist mit Hebräer 10?

Wenn es um die Behauptung geht, wir könnten unsere Errettung verlieren, ist Hebräer 10 die andere wichtige Stelle. Allein aufgrund dieser Stelle schlottern vielen Christen die Knie. Dort steht: »Denn wenn wir *mutwillig sündigen*, nachdem wir die Erkenntnis der Wahrheit empfangen haben, so *bleibt für die Sünden kein Opfer mehr übrig*, sondern nur ein schreckliches Erwarten des *Gerichts* und ein *Zorneseifer des Feuers*, der die Widerspenstigen verzehren wird« (V. 26–27).

Heißt das, dass wir unsere Errettung verlieren, wenn wir zu viel sündigen? Du meine Güte, das würde bedeuten, dass die meisten von uns … warte mal, das würde bedeuten, dass wir *alle* in ernsthaften Schwierigkeiten wären! Schließlich gibt sogar der

Apostel Jakobus zu: »Wir alle machen viele Fehler« (Jak 3,2 NLB). Kann also eine bestimmte Menge von Sünden zu viel sein, damit Gott sie uns vergibt? Wirft Gott das Konzept, Menschen »siebzig mal sieben« Mal zu vergeben (das sind 490 Mal! Siehe Mt 18,21–22), plötzlich über Bord, wenn es um seine Vergebung uns gegenüber geht? Und woher sollten wir (ohne ein unglaubliches Gedächtnis und eine Smartphone-App) wissen, wann wir die Grenze erreicht haben, ab der uns das Gericht und der Zorneseifer des Feuers erwarten?

Zum Glück ist die Bedeutung dieser Stelle aus Hebräer 10 ganz unkompliziert und hat nichts damit zu tun, dass Christen die Gnade Gottes bis zum Letzten aufbrauchen. Eigentlich wird im Hebräerbrief von Kapitel 1 bis Kapitel 10 nur von *einer einzigen* Art der Sünde gesprochen. Genau – nur von einer Art von Sünde, der Sünde des *Unglaubens* (siehe Hebr 13,18–19). Der Schreiber meint hier im Zusammenhang folglich, dass, wenn wir *weiterhin im Unglauben verharren*, selbst »nachdem wir die Erkenntnis der Wahrheit empfangen haben« (Hebr 10,26), wir an keinem anderen Ort ein passendes Opfer finden – vor allem nicht im jüdischen Tempel!

Mit anderen Worten, wenn jemand von uns auf Jesus verzichtet, dann gibt es für Gottes »Feinde« (V. 27 NLB) nur noch Gericht und Feuer. Beachte das Wort *Feinde*. Diese ganze Sache richtet sich gegen Ungläubige, die gegen Gott sind, weil sie die erstaunlichste Botschaft auf dem ganzen Planeten ablehnen. Selbstverständlich ist für sie kein Opfer mehr übrig! Wessen Opfer sollte das sein? Sie haben bereits das Opfer Jesu abgelehnt. Und das Blut von Stieren und Böcken bietet gar keine Lösung.

Das ist etwas völlig anderes, als Christen zu Tode zu erschrecken mit der Vorstellung, dass sie vielleicht, nur vielleicht, ein zu großes Problem mit der Sünde haben, sodass Gott bei ihnen die

Axt anlegen wird. Das ist so, als würden wir Gott mit dem Weihnachtsmann gleichsetzen, nur auf die allerschlimmste Weise: »Pass lieber auf … Gott kommt in die Stadt! … Er findet schon heraus, wer von euch frech und wer brav ist … Er weiß, ob du lieb oder böse warst … Oh, pass lieber auf!«

Das Blut Christi wird nie zu knapp für dich werden. Eigentlich geht es hier darum, dass es außerhalb von Christus kein *anderes* Opfer gibt. Es gibt nur Jesus oder gar nichts. Was auch immer du also tust, lehne nie das Evangelium ab!

Mir ist bewusst, was da in Vers 29 über eine »geheiligte« Person steht, die Jesus verachtet und was sie »verdient«. Aufgrund dieses Verses könnten wir als Christen denken, das ganze Kapitel handele von uns. Aber betrachte den ganzen Vers – *er ist eine hypothetische und rhetorische Frage, die an uns als Leser gerichtet wird.* Der Schreiber bittet uns als Leser, aufgrund der Strafe, die die Juden erhielten, wenn sie das Gesetz ablehnten, zu entscheiden, was *unserer Meinung nach* eine Person *verdiente* (aber nicht zwangsläufig *erhält*), wenn sie Gottes Geist beleidigt.

Natürlich haben wir als Christen Vergebung und werden nicht bestraft für unsere vielen Sünden und Beleidigungen Gott gegenüber. Aber wir würden wahrscheinlich alle dem zustimmen, dass wir eigentlich den Tod *verdient* hätten, auch wenn wir diese Strafe nicht erhalten. Und darum geht es hier. Ganz gleich, ob du verloren oder errettet (geheiligt) bist: Das Blut Jesu verdient deinen vollen Respekt, also liebäugle nicht mit der jüdischen Religion oder irgendeinem anderen Mittel der Vergebung und Reinigung.

Jesus ist alles, was du brauchst, und er verdient deinen Respekt.

Der Schreiber des Hebräerbriefs weiß, dass er mit seinen Worten sehr wahrscheinlich jeden verrückt gemacht hat. Darum beendet er seine Gedanken in diesem Kapitel mit den folgenden

Worten: »*Wir aber gehören nicht zu denen, die zurückweichen* und verloren gehen, sondern zu denen, die glauben und das Leben gewinnen« (V. 39 EÜ). Die Christen sind also nicht diejenigen, die vor der Botschaft des Evangeliums zurückweichen. Christen sind errettet. Aber die, die das Evangelium gehört hatten und es dann aufgrund des jüdischen Gruppendrucks ablehnten, nun, das war eine ganz andere Geschichte!

## Entspanne dich: Gottes Gnade wird dir nicht ausgehen!

Wenn uns die Gnade nur dann ausgeteilt wird, wenn wir uns richtig verhalten, wie viel Sünde ist dann zu viel? Wann ist die Gnade erschöpft? Wo ist die Grenze? Hast du oder habe ich das Blut Jesu aufgebraucht? Woher sollten wir das jemals wissen?

Ja, die Bibel spricht davon, dass Gott uns ermutigt, ein aufrichtiges Leben zu führen, Selbstbeherrschung zu üben und zur Sünde nein zu sagen. Ja, Gott ist unermüdlich dabei, uns anzuleiten. Aber nicht der Gehorsam bewahrt uns unsere Errettung, genauso wenig wie der Gehorsam uns anfangs gerettet hat!

Nein, es war die Gnade Gottes, die uns gerettet hat, und es ist die Gnade Gottes, die uns bewahrt. Der Hebräerbrief drückt das vielleicht am besten aus: »Daher kann er auch diejenigen *vollkommen* erretten, die durch ihn zu Gott kommen, *weil er für immer lebt*, um für sie einzutreten« (7,25). Offensichtlich wurden wir *vollkommen* errettet und die Garantie für unsere Errettung ist die Länge von Jesu (ewigem) Leben.

Wir werden so lange errettet sein, wie Jesus lebt!

13

# DU HAST DEN GLAUBEN *UND* DIE WERKE

Eine weitere Waffe in dem Arsenal »Wie verliere ich meine Errettung?« sind vermutlich die Verse, in denen vom »festhalten« die Rede ist. Das sind bekanntlich die Verse, in denen anscheinend steht, dass alles gut werden wird, »wenn du festhältst«. Aber sie können auch klingen, als würden sie sagen: »Hey, du Christ, wenn du deinen Teil des Festhaltens *nicht* leistest, dann wirst du deine Errettung verlieren.«

Hier ist eines der besten Beispiele:

> *Jetzt aber hat er euch durch den Tod seines sterblichen Leibes versöhnt, um euch heilig, untadelig und schuldlos vor sich treten zu lassen. Doch müsst ihr unerschütterlich und unbeugsam am Glauben **festhalten** und dürft euch nicht von der Hoffnung abbringen lassen, die euch das Evangelium schenkt. In der ganzen Schöpfung unter dem Himmel wurde das Evangelium **verkündet**; ihr habt es **gehört**, und ich, Paulus, diene ihm. – Kol 1,22–23* EÜ

Bedenke zunächst einmal, dass das »Festhalten« (im Gehorsam) ein Problem des *alten* Bundes war: »Sie sind meinem Bund nicht *treu geblieben*, deshalb habe ich mich von ihnen abgewandt, spricht der Herr« (Hebr 8,9 NLB). Und dieses alttestamentliche Problem wurde im *neuen* Bund gelöst. Vergiss nicht, das genau ist der Grund, warum Gott bei sich selbst geschworen und einen Eid geleistet hat, der uns als »Anker für unsere Seele« dient (Hebr 6,19 NLB). Wir sind sowohl gerettet als auch darin bewahrt, weil Gott sich selbst dieses Versprechen gegeben hat – und nicht weil wir unseren Teil leisten und den Rest unseres Lebens »festhalten«.

Folgendes geschieht mit den Versen über das »Festhalten«. In den Tagen der Urgemeinde gab es noch keine Bekehrungsgebete à la Billy Graham. Es gab noch keine Altarrufe (und die sollte es übrigens auch heute nicht geben, weil das Kreuz alle Altäre dieser Welt ersetzt hat!). Einfach gesagt, gab es nur das Hören und Glauben (siehe Gal 3,2 NLB).

Dieses »Hören« des Evangeliums erstreckte sich über Tage, Wochen, Monate, sogar Jahre. Die Menschen wurden der Botschaft mehr und mehr ausgesetzt, wenn sie sich entschieden, in der Gemeinde vorbeizuschauen und mehr zu hören. Irgendwann wurden sie dann von neuem geboren, doch einige (wie auch heute) *konnten keinen Augenblick festmachen*, an dem sie wiedergeboren wurden. Stattdessen handelte es sich um einen Zeitraum, in dem sie zum Glauben kamen. Irgendwo in diesem zeitlichen Rahmen wurden sie aus Gottes Geist geboren.

Das ist wie bei einer natürlichen Geburt. Ich weiß nicht, wie es dir geht, aber ich habe keinerlei Erinnerung an meine natürliche Geburt. Trotzdem bin ich mir ziemlich sicher, dass sie erfolgt ist, schließlich habe ich eine Geburtsurkunde, die das belegt! Genauso haben meines Wissens viele Gläubige keine Erinnerung an den »Moment ihrer Errettung«. Sie wissen nur, dass sie irgendwann *anfingen und dann daran festhielten,* die Botschaft zu hören, bis sie irgendwann von neuem geboren wurden.

Paulus sagt, dass es für die Kolosser wichtig sei, *daran festzuhalten* (oder damit weiterzumachen), zu hören und zu glauben. Darum steht im nächsten Vers: »In der ganzen Schöpfung unter dem Himmel wurde das Evangelium verkündet; ihr habt es gehört …« (1,23 EÜ). Nur weil etwas verkündet und von Menschen gehört wurde, heißt das nicht, dass es in ihrem Leben bereits Wurzeln geschlagen hat! Sie müssen *daran festhalten* (oder damit weitermachen), zu hören und zu glauben, um sicher zu gehen, dass sie das Evangelium, das sie rettet, ergriffen haben.

Das ist die wahre Bedeutung der Verse, in denen es ums »Festhalten« geht. Sie sind sicherlich nicht dazu da, um Gläubige, die bereits vom Geist Gottes geboren wurden, in Angst und Schrecken zu versetzen.

Also, entspann dich! Wir *können* unsere Errettung *nicht* verlieren.

## Entspanne dich, was Glaube und Werke betrifft!

»Ja, aber wir müssen doch viele Werke haben, um errettet zu werden. Jakobus sagt, dass der Glaube ohne Werke tot sei« (siehe Jak 2,17). Diese Denkweise kann einige wohlmeinende Menschen in ein Chaos der Selbstprüfung führen: *Habe ich genügend Werke? Bin ich wirklich errettet?*

Seien wir ehrlich. Wenn du dich mit solchen Fragen herumschlägst, dann wird es dir ziemlich schwerfallen, mit Gott zu entspannen.

Die ganze Diskussion über Glaube und Werke gibt es schon ziemlich lange. Martin Luther ging sogar so weit, dass er sagte, der Jakobusbrief habe in der Bibel nichts zu suchen! Der Grund, warum er so ein Problem mit diesem Brief hatte, ist der Folgende:

Jakobus sagt darin dreimal, wir seien »gerechtfertigt durch Werke«. Falls du es nicht mitbekommen hast, wiederhole ich es jetzt noch einmal – in Kapitel 2 behauptet Jakobus dreimal, wir seien »gerechtfertigt durch Werke«. Ja, in den Versen 21, 24 und 25 steht »gerechtfertigt durch Werke«. Und wir kommen wirklich nicht um diese Realität herum, denn sowohl in Jakobus 2,24 (»gerechtfertigt durch Werke«) als auch in Römer 3,28 (»gerechtfertigt durch den Glauben«) wird dasselbe griechische Wort – *dikaioo* (»rechtfertigen«) – verwendet.

| | |
|---|---|
| Jakobus 2,24 | »gerechtfertigt durch Werke« |
| Römer 3,28 | »gerechtfertigt durch den Glauben« |

Diese Stelle aus Jakobus 2 können wir wohl *nicht* in eine nette Stelle über den christlichen Lebensstil der Werke *nach* unserer Errettung umdeuten. Nein, es geht um die Rechtfertigung vor Gott, und die Frage, die gestellt wird, lautet: »Kann ihn denn dieser Glaube retten?« (V. 14). Das Thema ist eindeutig der anfängliche Akt der Errettung selbst.

Und um noch einen draufzusetzen, steht in Vers 23: »Abraham aber glaubte Gott, und das wurde ihm als Gerechtigkeit angerechnet«. Dieser Vers hilft uns dabei, das Wort »gerechtfertigt« im Zusammenhang zu bestimmen. Rechtfertigung ist hier, wenn wir glauben und uns diese Gerechtigkeit angerechnet wird. Das bedeutet natürlich, bei der *Errettung selbst.* Jakobus sagt also deutlich, dass wir durch »Werke« gerechtfertigt (gerecht gemacht) werden!

Werke? Bitte bleib dran und leg das Buch noch nicht zur Seite. Mir geht es schließlich um die Gnade.

Was ist hier also los? Werden wir ernsthaft durch Werke gerechtfertigt (von Gott als gerecht angesehen)? Nun, die Antwort auf diese Frage ist: »Ja, aber …« Ja, aber wir müssen sehen, wie Jakobus in Kapitel 2 »Werke« definiert. Also, machen wir weiter …

Wodurch wurde Abraham laut Vers 21 gerechtfertigt? Werke. Wann? Als er Isaak opferte. Wie oft hat Abraham dieses Werk getan? Einmal.

Wodurch wurde Rahab laut Vers 25 gerechtfertigt? Werke. Wann? Als sie den Spionen ihre Tür öffnete. Wie oft hat Rahab dieses Werk getan? Einmal.

Siehst du, was ich meine? In diesem Fall bezogen sich die »Werke« nicht auf eine lebenslange Dokumentation der Werke, die Abraham tat. Es war keine Reihe von Werken, die er als Ergebnis seines Glaubens sein ganzes Leben lang getan hat. Nein, es war *ein* »Werk« – er legte Isaak auf den Altar. Er glaubte Gott und *reagierte* dann. Dadurch wurde er gerechtfertigt (d. h. ihm wurde Gerechtigkeit zugerechnet).

Auch bei Rahab ging es nicht um eine lebenslange Dokumentation von Werken. Es war keine Reihe von Werken, die sie als Ergebnis ihres Glaubens ihr ganzes Leben lang getan hat. Nein, es war *ein* »Werk« – sie öffnete den Spionen ihre Tür. Sie glaubte Gott und *reagierte* dann. Dadurch wurde sie gerechtfertigt (d. h. ihr wurde Gerechtigkeit zugerechnet).

Sowohl bei Abraham als auch bei Rahab wurde der Glaube »vollkommen« (V. 22), weil er begleitet wurde von einer *Reaktion auf Gottes derzeitige Botschaft.* »Werke« bedeutet hier also *Reaktion.* Jakobus sagt damit im Grunde genommen, dass der sogenannte Glaube an Gottes Botschaft ohne eine *Reaktion* auf Gottes Botschaft schlicht toter Glaube ist. (Randbemerkung: Selbstverständlich sind gute Werke ein natürlicher, täglicher Ausfluss eines Lebens in Christus und viele andere Stellen sprechen auf diese Weise von »Werken«. Mir geht es hier nur darum, dass wir diese Definition von »Werken« nicht auf die Stelle aus Jakobus 2 übertragen können, weil tägliche Werke, die wir ein ganzes Leben lang tun, uns nicht rechtfertigen und retten.)

Wenn du, als du das Evangelium gehört hast, reagiert und die Türklinke heruntergedrückt und die Tür deines Herzens *geöffnet* hast (wie Rahab) und dann dein Leben mit Christus am Kreuz *geopfert* hast (wie Abraham), dann hast du die Anforderung der »Werke« aus Jakobus 2 bereits erfüllt. Du musst nicht dein ganzes Leben damit verbringen, deine Werke zu analysieren, zusammenzurechnen und dich zu fragen, ob sie genügen, um durch sie deinen Glauben unter Beweis zu stellen. Nein, das hat Jakobus damit nicht bezweckt. Die ganze Stelle handelt nur davon, auf die Botschaft des Evangeliums zu reagieren – was du bereits getan hast, wenn du in Christus bist. Jetzt kannst du dich in der Realität deiner Errettung ausruhen und Jesus genießen.

## Schlussgedanken

Wie wir gesehen haben, gibt sogar der Apostel Jakobus zu, dass »wir alle viele Fehler [machen]« (Jak 3,2 NLB). Hat Jakobus also irgendwo seine Errettung verloren, weil er nicht genügend Werke hatte und zu viele Fehler machte? Bestimmt nicht!

Jeder sündigt, oft.

Wir alle machen viele Fehler. Wie viel ist also zu viel? Wann wirft Gott das Handtuch? All diese Überlegungen stellen sich als lächerlich heraus, wenn wir uns daran erinnern, dass sich alles um ihn dreht und *nicht* um uns.

Wir müssen Folgendes bedenken: »Wenn wir untreu sind, *bleibt er treu,* denn er *kann sich selbst nicht verleugnen*« (2Tim 2,13 NLB). Und: »Ich werde dich nie verlassen und dich nicht im Stich lassen« (Hebr 13,5 NLB). Und: »Niemand wird sie mir entreißen«

(Joh 10,28 NLB). Diese Wahrheit bettelt förmlich darum, dass wir uns mit Gott *entspannen.*

Und wenn es um das völlig andere Thema der *täglichen* guten Werke geht, können wir einfach wissen, dass Gott sie alle bereits für uns vorbereitet hat. Wir können jeden Tag aufwachen und einfach in sie hineinspazieren!

*In Jesus Christus sind wir Gottes Meisterstück. Er hat uns geschaffen, dass wir gute Werke tun, gute Taten, die er für uns vorbereitet hat, damit wir sie in unserem Leben ausführen. – Eph 2,10 NGÜ*

TEIL 3

# ENTSPANNE DICH IN DER WAHRHEIT, DIE DICH FREI MACHT

14

# GOTT SUCHT KEINE KLEINE ELITE AUS

»Himmel. Hölle. Hölle. Himmel. Hölle.« Gott geht einen Häuserblock durch und wählt aus, welche der Bewohner an ihn glauben werden? Diese Vorstellung hat in der Christenheit fast mehr Kontroversen ausgelöst als jedes andere Thema. Im Verlauf der Geschichte haben wir hauptsächlich drei Ansichten zum Thema Errettung gesehen: (1) Gott hat dich persönlich zum Glauben und zur Rettung vorherbestimmt; (2) du hast den Namen des Herrn angerufen, um errettet zu werden; oder (3) beides stimmt, aber du wirst es erst im Himmel verstehen können.

Einigen wird es nicht gefallen, wie ich dieses Kapitel eröffnet habe – »Himmel. Hölle. Hölle. Himmel. Hölle.« Vielleicht sagen sie, dass Gott niemanden für die Hölle auswählt. Er wählt nur die aus, die in den Himmel kommen. Doch am Ende läuft es aufs Gleiche hinaus: »Himmel.« *Stille. Stille.* »Himmel.« *Stille.* Beachte, dass diejenigen, bei denen Gott still ist, dennoch automatisch in … die Hölle kommen.

Gibt es dabei also *wirklich* einen großen Unterschied?

Das Puzzle der Prädestination ist zugegebenermaßen schwer zu lösen. Wir lesen hier einen Vers. Wir lesen da einen Vers. Und wenn wir fertig sind, sind wir vielleicht davon überzeugt, dass

Gott sich mit der individuellen Vorauswahl jener befasst, die errettet werden.

Nun, Gott kann sicherlich tun, was er will. Schließlich ist er Gott und wir sind es nicht. Ich bin sehr dafür, dass wir die Souveränität Gottes achten. Gott hat das Sagen. Punkt. Vermutlich haben wir nur nicht verstanden, *was Gott in seiner Autorität eigentlich genau ausgewählt hat.*

Das Puzzle der Prädestination zu lösen erfordert ein wenig »Aufräumarbeit«. Wir müssen erst ganz viel Gelerntes ablegen, bevor wir überhaupt etwas Neues lernen können. Was meine ich damit? Tatsache ist, dass so viele von uns heute ihre calvinistischen oder arminianischen Brillen tragen, dass ich nicht weiß, ob wir überhaupt klar sehen können.

## Die ersten Puzzleteile

Bei Stellen wie Römer 9 – einer der Grundsatzstellen, um die Auswahl einzelner Menschen zu rechtfertigen – müssen wir rückwärts gerichtet arbeiten und uns zuerst die Schlussfolgerung von Paulus ansehen, die eine Vorschau der zukünftigen Attraktionen ist. Wenn Paulus also sagt: »Was sollen wir nun hierzu sagen?« (V. 30 LUT), ist es wohl an der Zeit, die Ohren zu spitzen und aufzupassen. Er steht kurz davor, den Kern all dessen zu offenbaren, was er gesagt hat. Wenn Paulus also diese Frage stellt, sollten wir sie als eine hellrote Signalleuchte sehen, die uns ins Gesicht blinkt: »Was sollen wir nun hierzu sagen? Das wollen wir sagen: *Die Heiden*, die nicht nach der Gerechtigkeit trachteten, *haben die Gerechtigkeit erlangt*; ich rede aber von der Gerechtigkeit, die *aus dem Glauben* kommt« (V. 30 LUT).

Bingo. Das ist es. Das ist der Punkt. Dass die Heiden aus Glauben Gerechtigkeit erlangt haben. Genau das verteidigt Paulus in Römer 9 – nicht, dass du ausgewählt wurdest, aber dein Nachbar gleich nebenan nicht. Nein, es geht um Gottes souveränes Erwählen der *Heiden,* um sie ins Evangelium mit einzuschließen.

Warum ist das jetzt so eine große Sache? Nun, es ist gewaltig. »Du willst mir allen Ernstes sagen, dass diese dreckigen Heiden (Nichtjuden), die nicht weniger Interesse an Gott hätten haben können, jetzt ins Evangelium mit eingeschlossen werden? Das ist doch lächerlich!« Wenn du zweitausend Jahre zurückspulst, war das die damals typische jüdische Reaktion.

Viele Juden empfanden, dass sie Gott »verdient« hätten. Schließlich war die Verehrung Jahwes Teil ihrer Abstammung, ihres Erbes, ihrer Geschichte. Aber die Heiden mit ihrem Las-Vegas-ähnlichen Lebensstil, ihren Orgien und ihren heidnischen Tempeln und ihrer Ausschweifung … Unmöglich, dass Jahwe auch nur einen Blick auf sie werfen würde. Schließlich fragten die meisten Heiden, wenn das Gesetz zur Sprache kam: »Mose, wer ist eigentlich Mose?«

Sie hatten keine Ahnung von nichts.

Was wäre also, wenn es bei der ganzen Prädestination eigentlich darum geht, dass Gott kontroverserweise diese ahnungslosen Heiden erwählt, damit auch sie das Evangelium empfangen können? Könnte es tatsächlich so einfach sein?

## Noch mehr römische Puzzleteile

Ein Einwand könnte sein: »Ja, aber es gibt doch diese Stelle, dass Gott Jakob liebt und Esau hasst (siehe Röm 9,13). Und es gibt diese Stelle über den Pharao, der verstockt wird (siehe V. 17–18) und dann noch diese andere Stelle über den Töpfer, der Macht hat über den Ton (siehe V. 21). Scheinbar sucht Gott aus, welche Menschen in den Himmel und welche in die Hölle kommen.«

Ich verstehe, was du meinst. Aber Paulus fasst nur zusammen, dass Gott eine Person ist, die tut, was sie will. Im Alten Testament sagte er, dass der Ältere (Esau) dem Jüngeren (Jakob) dienen würde. Es hätte auch anders herum sein können – dass der Jüngere dem Älteren dient. Aber Gott hatte das Sagen. Dass Esau jetzt Jakob dient, steht nicht dafür, dass Esau in der Hölle ist und Jakob im Himmel. Es geht dabei nicht um Himmel oder Hölle. Und es geht auch nicht um »errettet versus verloren«. Es geht nur darum, dass Gott erklärt, wer wem dienen wird. Es geht auch hier nur darum, dass *Gott das Sagen hat.* Das ist der Grund, warum Paulus diese Geschichte anführt.

»Ja, aber der Römerbrief spricht von einer Verstockung. Ist es nicht so, dass Gott Menschen verschließt?«, fragst du vielleicht.

Jesus sagte: »Und ich, wenn ich von der Erde erhöht bin, werde *alle* zu mir ziehen« (Joh 12,32). Gott streckt sich also nach *allen* aus, und unsere Rolle besteht darin, den Namen des Herrn anzurufen. Es ist ein Jammer, dass Gottes eigenes Volk (Israel) ihn historisch gesehen abgewiesen hat. »Israel ist zum Teil Verstockung widerfahren, bis die Vollzahl der Heiden eingegangen ist« (Röm 11,25). Aber das war *Israel.* Sie erlebten für einen bestimmten Zeitraum eine *teilweise* Verstockung. Wir sollten daraus jedenfalls keine Lehre machen, dass *wir* zwar in den Himmel kommen, dass aber der Mensch, der neben uns wohnt, keine Chance hat, weil Gott ihn verstockt hat.

Bei dem Vergleich mit dem Töpfer und dem Ton geht es darum, dass *Gott tun kann, was er will.* Schließlich ist er der Töpfer! Darum kann er einen Teil des Tons zu besonderen Anlässen verwenden und den anderen für den gewöhnlichen Gebrauch. Er kann ein Gefäß für seine Pokalvitrine machen und das andere für die Verwendung am Küchentisch. Er ist der Töpfer und er hat das Sagen. Wer also sind wir, dass wir ihn infrage stellen? Auch hier geht es wieder nicht um Himmel und Hölle. Hier geht es um das Recht des Töpfers, im Allgemeinen das zu tun, was er will. Denk darüber nach. »Für den gewöhnlichen Gebrauch« (Röm 9,21 NLB) wäre bei Paulus kein Bild für die Hölle. Nein, der »gewöhnliche Gebrauch« bezieht sich auf den Status eines Gefäßes im Vergleich mit einem anderen Gefäß, das für besondere Anlässe gebraucht wird. Es bezieht sich darauf, dass Gott *mit den Heiden* macht, was er will, trotz der Tatsache, dass die Heiden einen »unehrenhaften Status« (gewöhnlicher Gebrauch) in der jüdischen Gesellschaft innehatten.

Genau darum sehen wir, wie Paulus inmitten dieser Diskussion in Römer 9 über Prädestination und Gottes Recht zu wählen sagt: »nicht allein aus den Juden, sondern auch aus den Heiden« (V. 24). Und dann sagt Gott: »Ich will das ›mein Volk‹ nennen, was *nicht mein Volk war*« (V. 25). Hallo! Das sollte klar und deutlich sein – Prädestination besteht darin, dass die Heiden, die nicht Gottes Volk waren, jetzt *auch* zum Evangelium berufen sind.

Es ist nicht kompliziert. Es ist nicht grausam. Es ist schön.

Das war Gottes vorherbestimmte Wahl, die Paulus so entschieden verteidigte. Und das stand in direktem Zusammenhang mit Paulus' Apostelamt für die Heiden. Darum verteidigt Paulus kapitellang so gründlich Gottes souveräne Erwählung der heidnischen Völker. Schließlich widmete Paulus sein Leben dem Dienst an ihnen. Dann sollten sie wohl auch lieber dazugehören!

Es ging *nie* darum, dass Gott im Einzelfall auswählt, wer in den Himmel und wer in die Hölle kommt. Die besondere Neuigkeit des neuen Bundes war, dass sogar diese dreckigen Römer und sogar diese dreckigen Epheser und heute sogar diese dreckigen Amerikaner (hey, das bin ich!) in die Einladung zum Evangelium eingeschlossen sind.

## Die ephesischen Puzzleteile

Aus diesem Grund stellen wir die sonderbare Verwendung der Wörter *wir/uns* im Gegensatz zu *ihr/euch* fest, wenn wir das Thema der Prädestination im Epheserbrief erforschen. Am Anfang des Briefes sagt Paulus, »wir« seien vorherbestimmt, und dann fährt er fort und sagt, dass »auch ihr« eingeschlossen wurdet.

Wer ist »wir«? Die Juden.

Wer ist »auch ihr«? Die Heiden.

*Ihr* steht im Plural und es geht darum, dass »wir Juden« immer schon als Gottes auserwähltes Volk galten. Aber jetzt, unter Gottes neuem Weg, seid auch »all ihr Heiden« eingeschlossen. Nimm dir einen Textmarker und arbeite dich durch die ersten zwei Kapitel des Epheserbriefs und markiere »wir« und »ihr«, dann wirst du die wahre Bedeutung der Prädestination entdecken. Warte, wir machen es noch einfacher:

| | |
|---|---|
| 1,4 | … wie er *uns* in ihm auserwählt hat … |
| 1,5 | Er hat *uns* vorherbestimmt … |
| 1,12 | *wir* …, die *wir zuvor auf den Christus gehofft haben* |
| 1,13 | In ihm seid *auch ihr* … |
| 2,1 | *auch euch*, die ihr tot wart … |
| 2,3 | auch *wir alle* … |
| 2,3 | *wir* … wie auch die anderen |
| 2,11 | *ihr*, die ihr einst *Heiden* im Fleisch wart … |

| | |
|---|---|
| 2,12-13 | *ihr* … wart ausgeschlossen … fern … |
| 2,14 | aus *beiden* eins gemacht … |
| 2,16 | um die *beiden* … zu versöhnen … |
| 2,17a | Frieden *euch, den Fernen* … |
| 2,17b | und *den Nahen* … |
| 2,18 | denn durch ihn haben *wir beide* den Zutritt zu dem Vater |
| 2,19 | So seid *ihr* nun nicht mehr Fremdlinge ohne Bürgerrecht und Gäste … |
| 2,22 | in dem *auch ihr* miterbaut werdet |
| 3,1 | für *euch,* die *Heiden* |
| 3,6 | die *Heiden* [sind] Miterben [mit *Israel*] |

**Legende:**
*wir/uns* = Juden
*ihr/euch* = Heiden
*beide* = Juden und Heiden zusammen

## Die Lösung des Prädestinations-Puzzles

Jedes Mal, wenn das Wort *ihr* in der Bibel auftaucht, sind wir versucht, uns persönlich angesprochen zu fühlen. Aber hier meint Paulus mit *ihr* »alle Heiden«. Was wäre also, wenn es bei der Prädestination nicht darum geht, dass du auserwählt bist, aber dein Nachbar nebenan nicht? Was wäre, wenn es eigentlich nur um Gottes radikalen und umstrittenen Schritt geht, die Heiden in das Evangelium mit einzuschließen? Das würde vermutlich bedeuten, dass einige von uns das alles noch einmal ganz neu überdenken müssten.

Und währenddessen denk mal über Folgendes nach: Warum finden wir die Prädestinationslehre nicht auch umfassend im Hebräerbrief, Jakobusbrief, in 1. Petrus, 2. Petrus, 1. Johannes, 2. Johannes, 3. Johannes – oder irgendeinem anderen Brief, der an Juden geschrieben wurde?

Der Grund ist folgender: Weil die Juden *bereits* wussten, dass Israel auserwählt war. Das war für sie sicher keine neue Erkenntnis! Man musste den Juden nicht beibringen, dass sie erwählt waren. Aber die Heiden mussten wissen, dass sie jetzt auch dazugehörten! Darum wird die Prädestination im Epheser- und im Römerbrief so ausführlich behandelt – in zwei Briefen, die an Heiden adressiert waren. Und aus diesem Grund war Paulus der einzige, der dieses Thema so ausführlich behandelte – denn er war der Apostel für die Heiden.

Erkennst du, warum es so wichtig ist, das alles zu entzerren? Es ist eine Version des Evangeliums im Umlauf, die sagt, dass Gott den Häuserblock auf- und abschreitet und ruft: »Ich nehme dich und dich und dich, aber zur Hölle (wörtlich) mit dem Rest von euch!« Ein derartiges Glaubenssystem führt unweigerlich dazu, dass einige sich fragen: »Bin ich erwählt? Ich fühle mich erwählt, aber wie kann ich das sicher wissen?« Diese Sicht von Gott macht es vielen schwer, sich zu *entspannen* und Gott zu genießen.

Noch ein kleiner Schuss Wahrheit, um dich frei zu machen: Ganz egal, ob du Jude oder Heide bist, Gott hat schon an dich gedacht, als er am Kreuz und durch die Auferstehung die Grundlage für seinen neuen Bund schuf.

Also, entspann dich – du bist erwählt!

Und »*jeder*, der den Namen des Herrn anruft, wird gerettet werden« (Röm 10,13).

15

# KEINER KANN *SOLCHEN* LEHREN FOLGE LEISTEN

Wenn du nicht aufpasst, kann Jesus dich wirklich stressen! Na ja, nicht Jesus selbst. Aber das, was ich die »unmöglichen Lehren« Jesu nenne, kann dich sicherlich vor Erschöpfung in die Knie zwingen. Ich spreche davon, wenn der Sohn Gottes seinen Zuhörern sagt, sie sollen ihre Hand abhacken (siehe Mt 5,30), ihr Auge ausreißen (siehe Mt 5,29), vollkommen sein wie Gott (siehe Mt 5,48) und alles verkaufen, was sie haben (siehe Mt 19,21). Ich spreche davon, wenn er sagt, dass Zorn dasselbe ist wie Mord (siehe Mt 5,21–22) und das Anschauen mit Begierde dasselbe wie Ehebruch (siehe Mt 5,27–28). Und zur absoluten Krönung des Ganzen sagt er, dass dir erst vergeben wird, *wenn* du anderen vergibst, aber wenn du anderen nicht vergibst, dann kannst du es vergessen – dann bist du erledigt (siehe Mt 6,14–15).

Autsch, das tut weh!

Ja, Jesus kann dich stressen, wenn du nicht aufpasst. Was ich mit aufpassen meine? Nun, du musst aufpassen, mit welchem Bund du es zu tun hast. Sonst wirst du in *Bundesverwirrung* leben.

Klar, viele Menschen versuchen sich an den unmöglichen Lehren Jesu. Sie lassen sich auf einen oberflächlichen Flirt mit ihnen ein. Sie hacken sich nicht die Hand ab und reißen sich nicht das Auge aus oder so. Und trotzdem erzählen sie überall: »Ich halte mich an alles, was Jesus gesagt hat.« Damit wollen sie sagen, dass sie nach *allem* leben, was Jesus in den vier Evangelien zu tun geboten hat. Aber ich bin einigen dieser Typen begegnet und ich kann bezeugen, dass sie nicht nur nicht selbstverstümmelt sind und ihre Augen immer noch fest in ihren Augenhöhlen sitzen, sondern dass sie auch nicht so vollkommen leben wie Gott (siehe Mt 5,48). Einige von ihnen haben auch ein Problem damit, anderen zu vergeben, was sie laut ihrer Vorstellung jedoch tun müssten, um sich ihre eigene Vergebung von Gott erfolgreich zu sichern (siehe Mt 6,14–15).

Wenn du dich auf den Weg durch Matthäus 5 und 6 machst, musst du dich fragen: Die Hand abhacken? Das Auge ausreißen? Nicht zornig sein? Nicht schimpfen oder Ähnliches? Und dabei das Gerede über Tieropfer auf dem Altar und die drohende Hölle bei Nichterfüllung (siehe Mt 5,20.22.29.30)? Was ist los mit diesen radikalen, unmöglichen Lehren Jesu?

## Bundesverwirrung

Die unmöglichen Lehren Jesu aus Matthäus 5 und 6 gehören unter allen Weltreligionen zu den härtesten Lehren überhaupt. Warum eigentlich? Bedeutet das, dass die Christen sich richtig anstrengen sollten, um nach diesen Lehren zu leben? Oder geht es hier eigentlich um etwas anderes?

Zum Glück ist die Antwort einfach. Jesus wurde unter dem Gesetz geboren und seine Zuhörer waren auch unter dem Gesetz (siehe Gal 4,4–5). Ja, das steht im Galaterbrief, auch wenn wir das im Gottesdienst vielleicht nicht oft zu hören bekommen. Als Jesus diese harten Dinge predigte, waren seine Zuhörer also keine Menschen, die sich unter dem neuen Bund befanden. Stattdessen zeigte er einer Zuhörerschaft, die unter dem alten Bund stand, *warum sie so dringend eine Veränderung brauchten.*

Das Kreuz ist die Trennlinie der Menschheitsgeschichte. Nicht das kleine Jesuskind in der Krippe in Bethlehem bringt die Veränderung. Im Hebräerbrief steht, dass nicht die Geburt, sondern der *Tod* eine Veränderung des Bundes mit sich bringt (siehe Hebr 9,16–17). Jesus lebte also dreiunddreißig Jahre lang auf der Erde und war die ganze Zeit unter dem Gesetz, genauso wie auch seine Zuhörer unter dem Gesetz waren. Darum siehst du, wie er einige ziemlich radikale Dinge sagte, die die Menschen erschraken, zumindest diejenigen, die ihn ernst nahmen. Und ja, sie *sollten* ihn ernst nehmen!

Anstatt also die Lehren von Jesus umzudeuten, indem wir sie verwässern, sage ich, dass Jesus tatsächlich meinte, was er sagte. Er gab einen unmöglichen Maßstab vor (den Geist des Gesetzes), um die Menschen vollständig unter Hoffnungslosigkeit zu begraben. Nur so konnten sie erkennen, dass sie einen völlig neuen Weg der Gnade brauchten. Denk darüber nach: Solange du nicht mit der Strenge des Gesetzes konfrontiert wurdest, warum solltest du die Notwendigkeit der Gnade überhaupt in Betracht ziehen?

Aus diesem Grund betrachtete Jesus den reichen Jüngling voller Liebe, forderte ihn aber gleichzeitig auf, alles zu verkaufen (siehe Mk 10,21). Alles verkaufen? Wirklich? Ist das der »Heilsplan«, den wir heute bewerben? Sagen wir jedem, er solle seine Sachen bei eBay Kleinanzeigen einstellen, um in den Himmel zu kommen? Keineswegs! Warum also forderte Jesus einen reichen jungen Mann dazu auf, seine Habseligkeiten zu verhökern? Warum hat Jesus genau die eine Sache herausgesucht, die dieser Mann nicht tun würde?

Jesus weckte ihn ihm keine Hoffnung, sondern ein Gefühl der Bedürftigkeit.

Das wird das Gesetz in uns allen vollbringen – herausstellen, wo wir den Maßstab nicht erfüllen, und uns zeigen, warum wir die Gnade brauchen (siehe Röm 3,20). Wenn dir das Gesetz das noch nicht angetan hat, dann bist du dem wahren Geist des Gesetzes wohl noch nicht begegnet!

Jesus kann dir dabei helfen – fang einfach bei Matthäus 5,17 an zu lesen und sag mir dann, wie es dir damit geht. Achte vor allem auf die Stellen in denen steht, dass wir in das »Feuer der Hölle« geworfen werden (siehe Mt 5,22.29–30), denn entgegen der landläufigen Meinung ist Matthäus 5,17–48 keine nette kleine Stelle über unser Wachstum als Christ!

## Der breite Graben zwischen Alt und Neu

Der neue Bund (oder das neue *Testament* – im Griechischen ist das Wort für »Bund« und »Testament« dasselbe) beginnt eigentlich nicht in Matthäus 1. Die Herausgeber der Bibel haben Mist gebaut, als sie direkt vor dem Anfang von Matthäus 1 eine Trennseite eingefügt haben, auf der in fetten Buchstaben »Das Neue Testament« steht. Eigentlich beginnt der neue Bund mit dem Tod Jesu, nicht mit seiner Geburt. Vergiss nicht, dass ein Bund mit Blut besiegelt werden muss (siehe Hebr 9,18 NLB). Darum musste sogar der alte Bund damit beginnen, dass Mose Tierblut zuerst über die Schriftrolle und dann – in grausam-anschaulicher Weise – auch über das Volk sprenkelte. Das ist der Moment, in dem du unbedingt einen guten Schirm zur Hand haben solltest.

Ein Bund wird also mit Blut besiegelt, und nicht mit einer Geburt. Darum können wir mit Sicherheit sagen, dass der neue

Bund auf Golgatha begann und keinen Tag früher. Und aus diesem Grund ergibt es auch durchaus Sinn, dass Jesus *manchmal* (nicht immer!) Menschen mit dem wahren Maßstab des Gesetzes herausforderte. Vermutlich dachten einige, sie würden ihre Sache eigentlich ganz gut machen. Dann macht Jesus seinen Mund auf und hält in Matthäus 5 seine »Killerpredigt« – und *wumm* … schlägt die Realität zu!

Es wird ihnen bewusst, dass sie in *echter* Gerechtigkeit richtig schlecht sind.

Das heißt jetzt aber nicht, dass wir einen Edding nehmen und anfangen müssen, große Teile der Bibel durchzustreichen und zu sagen: »Diesen Part muss ich nicht lesen.« Die ganze Bibel – vom 1. Buch Mose bis zur Offenbarung – ist das inspirierte Wort Gottes. Aber es heißt, dass wir erstens *nicht unter* dem Gesetz sind und zweitens deshalb die Gabe der Unterscheidung anwenden sollten, wenn Jesus sich auf das Gesetz bezieht (siehe Mt 5,17.21.27) und dann dessen wahren und unmöglichen Maßstab der Vollkommenheit erläutert.

Das ist alles, was ich meine.

Und dieser zweite Punkt trifft ohne Frage *nur auf einige*, und nicht auf alle Lehren Jesu zu. Vor dem Kreuz weissagte Jesus auch über den neuen zukünftigen Weg und lehrte viele, viele Dinge, die sich in der Gemeinde heute anwenden lassen – über den Weinstock und die Reben, den Heiligen Geist und das Reich Gottes, um nur einige von *vielen* zu nennen!

## *Alles* lehren, was Jesus lehrte?

In Matthäus 28,19–20 forderte Jesus seine Jünger auf, in die ganze Welt zu gehen und *alles* zu lehren, was er ihnen gesagt hatte.

Heißt das denn also nicht, dass wir versuchen sollen, alles zu befolgen, was Jesus je gesagt hat?

Nun, als Jesus die Jünger aufforderte, alles zu lehren, was er ihnen zu lehren aufgetragen hatte, glaubst du, dass seine Jünger ihm gehorsam waren? Ich schon. Und die Briefe sind das Ergebnis ihres Gehorsams!

In den Briefen fehlt nichts, aber wo ist der Teil, in dem es darum geht, dass Körperteile abgehackt, Augäpfel ausgerissen und alle Habseligkeiten verkauft werden müssen, der Teil, in dem Zorn und Mord gleichgesetzt werden und wir zuerst vergeben müssen, damit Gott uns vergibt? Diese Dinge fehlen in den Briefen vollständig. Und in manchen Fällen finden wir in den Briefen Lehren, die dem sogar direkt widersprechen! Wie wir bereits gesehen haben, sind Epheser 4,32 und Kolosser 3,13 tolle Beispiele, weil dort steht, dass wir anderen so vergeben sollen, wie Gott uns *bereits* vergeben hat. In diesen zwei Stellen steht also genau das Gegenteil der Lehre aus Matthäus 6,14–15, nämlich dass wir anderen vergeben sollen, damit auch uns vergeben wird!

Nein, die harten gesetzlichen Lehren Jesu tauchen in den Briefen nirgends auf – noch nicht einmal etwas, was im Entferntesten daran erinnert. Haben Jakobus, Petrus, Johannes und Paulus also Mist gebaut und vergessen, diese Lehren in ihre Briefe mit aufzunehmen? Vielleicht, ganz vielleicht ist es aber auch so, dass es *nie Jesu Absicht war, dass die Jünger diese unmöglichen Lehren über den wahren Geist des Gesetzes der neutestamentlichen Gemeinde lehren.*

Also das ergibt jetzt endlich einen Sinn! Darum wurden sie nach dem Kreuz nicht übernommen. Darum wurden sie den Galatern oder den Ephesern oder den Korinthern oder irgendeiner anderen Gemeinde gar nicht weitergegeben. Diese Lehren sind einfach nicht Teil des neuen Bundes.

Wir amputieren keine Gliedmaßen. Wir strengen uns nicht an, so vollkommen zu sein wie Gott. Wir vergleichen uns nicht mit den Pharisäern und versuchen, deren Gerechtigkeit zu übertreffen. Wir leben nicht in Angst vor der Hölle, wenn wir zornig auf jemanden werden oder ihn wie Paulus einmal als »töricht« bezeichnen: »Ihr törichten Galater« (Gal 3,1 NEÜ)! Und wir versuchen sicherlich nicht, anderen zu vergeben, um uns damit eines Tages Gottes Vergebung zu verdienen.

Gottes Botschaft der Gnade im neuen Bund lautet, dass uns vergeben wurde, nicht weil wir zuerst anderen vergeben haben, sondern weil das Blut Jesu für uns vergossen wurde. In ihm haben wir die vollständige Vergebung erhalten – als Geschenk von Gott. Und es war unser alter Mensch (nicht unsere Hand oder unser Auge), der »abgehackt« (siehe Kol 3,9) und dann mit Christus gekreuzigt wurde (siehe Röm 6,6). Der alte Mensch wurde dann ersetzt, als wir eine neue Schöpfung und mit Gottes Geist erfüllt und versiegelt wurden (siehe Röm 5,5; 2 Kor 5,17; Eph 4,30). Zum Schluss haben wir Vollkommenheit (Gerechtigkeit) geschenkt bekommen (siehe Röm 5,17), nicht indem wir uns anstrengten oder uns mit den religiösen Führern wie den Pharisäern verglichen, sondern durch eine »Herzoperation« (siehe Hes 36,26; Röm 6,17). Das ist der neue Bund in all seiner Herrlichkeit, frei von den Lehren des Gesetzes, mit denen Jesus die Juden unter Verdammnis begraben wollte.

Zusammenfassend lässt sich sagen, dass Jesus nie beabsichtigt hatte, dass die Jünger diese tödlichen Lehren des »wahren Geistes des Gesetzes« der neutestamentlichen Gemeinde unterbreiten. Warum sollte Jesus denn seiner eigenen Gemeinde, die jetzt unter der Gnade ist, das Gesetz auferlegen? Das würde absolut keinen Sinn ergeben.

Bei den unmöglichen Lehren Jesu kannst du dich also einfach auf *dieser* Seite des Kreuzes entspannen, weil Vergebung und ein gerechter Stand vor Gott Geschenke sind, die du genießen sollst!

16

# ES GEHT NICHT UM WASSER ODER WEIN

Taufe. Es sind nur wenige Sekunden unter Wasser, und doch könnte man ein ganzes Leben lang über dieses Thema diskutieren!

Einige sagen, dass die Wassertaufe entscheidend ist für die Errettung. Was? Wenn also jemand das Evangelium hört und glaubt, es aber nicht rechtzeitig bis zum nächsten Schwimmteich schafft, hat er Pech gehabt?

Der Wasserkult muss aufhören. An $H_2O$ gibt es nichts Magisches, das einen Menschen rettet. Es ist natürlich ein wunderbares Bild dafür, wie wir in neues Leben in Jesus Christus eingetaucht und davon durchtränkt werden. Das zeigt die Taufe den Umstehenden, während sie dabei zusehen, wie durch dein Untertauchen dein eigener geistlicher Tod und durch dein Auftauchen deine eigene geistliche Auferstehung dargestellt werden.

Aber dabei wollen wir es belassen.

Das ganze Gerede über die *Notwendigkeit* der Taufe für die Errettung ist verrückt. Der Dieb am Kreuz würde mir sicherlich recht geben (siehe Lk 23,39–43)! Und denk mal an die Menschen, die in Apostelgeschichte 10,47 den Heiligen Geist empfingen und dann erst *später* im Wasser getauft wurden. Petrus sagt über sie: »Kann auch jemand diesen das Wasser verwehren, dass sie nicht getauft werden sollten, die den Heiligen Geist empfangen haben gleichwie wir?« (Apg 10,47). Das zeigt uns doch definitiv etwas! Die Wassertaufe rettet uns nicht. Die Wassertaufe verleiht uns nicht den Geist. Die Wassertaufe ist einfach eine Möglichkeit, sich an das zu erinnern, was bereits geschehen ist. Es ist ein weiteres Beispiel für »Das tut zu meinem Gedächtnis« (Lk 22,19).

Eine Geburtstagsparty bedeutet nicht, dass du gerade geboren wirst. Der jährliche Hochzeitstag bedeutet nicht, dass du gerade heiratest. Und die Taufe bedeutet nicht, dass du gerade errettet wirst. Bei all dem werden lediglich Anlässe gefeiert, die *bereits* geschehen sind. Darum drückt Paulus sich den Korinthern gegenüber so deutlich aus: »*Denn Christus hat mich nicht gesandt zu taufen*, sondern das Evangelium zu verkündigen, [und zwar] nicht in Redeweisheit, damit nicht das Kreuz des Christus entkräftet wird« (1Kor 1,17). Sieh mal, wenn die Taufe zur Errettung notwendig wäre, wäre Paulus dann nicht auch gesandt worden, um zu taufen? Aber offensichtlich besteht der rettende Teil darin, »das Evangelium zu verkündigen«, und nicht in der Wassertaufe.

Es ist ziemlich klar, dass die Wassertaufe nicht notwendig ist, um den Geist zu empfangen. In Galater 3 steht, dass wir den Geist nicht durch eine feierliche Handlung empfangen, sondern dann, wenn wir das Gehörte glauben (das Evangelium; siehe Röm 10,17). Darüber hinaus steht in 1. Petrus 3,21, dass die Wassertaufe uns nicht rettet, sondern stattdessen symbolisiert, dass wir geistlich gesehen in die Auferstehung Christi hineingetauft werden!

Die einfache Tatsache ist: Es gibt auf der Erde nichts, was uns retten kann. Keine irdische Handlung kann uns den Geist bringen. Er wohnt übrigens auch nicht durch Wasser oder irgendeine andere Flüssigkeit in uns. Nein, das Einzige, was wirklich »funktioniert«, ist *in Christus selbst* hineingetauft zu werden, sobald wir an das Evangelium glauben (siehe Röm 6,3–4). Genau aus diesem

Grund sagte Jesus, dass Johannes mit Wasser taufte, aber dass die Taufe mit dem Heiligen Geist der neue Weg sei (siehe Apg 1,5).

Darum entspanne dich ruhig und genieße die Geburtstagsparty, aber verhalte dich nicht so, als würdest du gerade erst geboren!

## Das Abendmahl

Wenn wir schon gerade über Rituale sprechen, was ist los mit der Art und Weise, wie wir das Abendmahl feiern?

Ist dir schon einmal aufgefallen, dass man, zumindest mancherorts, mit gedämpftem Licht und düsterer Stimmung arbeitet? Manche weinen oder jammern sogar laut. Mir ist klar, dass man seiner vielen Sünden und Fehltritte wegen traurig werden und in Bedauern verfallen kann. Aber anscheinend feiern wir lieber unsere Schuld, als dass wir unseren Gott feiern! Denn hat er nicht eigentlich gesagt, dass wir das Ganze »zu seinem Gedächtnis« machen sollen (siehe 1Kor 11,25)? Wir können anscheinend so sehr in unsere Sünden vernarrt sein, dass wir unseren Retter manchmal aus den Augen verlieren!

Ich habe versucht, genau herauszufinden, was in einigen dieser Gemeinden geschieht – warum wir manchmal zu einer Orgie der Selbstbetrachtung aufgefordert werden, anstatt Jesus zu feiern. Wahrscheinlich ist das Ganze dem Missverständnis eines Verses aus 1. Korinther 11 geschuldet, wo Paulus zu einer bestimmten Gruppe von Gläubigen in Korinth sagt: »Jeder soll sich selbst prüfen« (1Kor 11,28 EÜ). Und mit diesen fünf Wörtern stürzen sich die Christen heute in einen Modus der Selbstüberprüfung, sobald sie sehen, wie Brot und Wein den Gang entlangkommen.

Allerdings geht es bei diesem Vers um Folgendes: Es war nie beabsichtigt, dass wir erst ein Prüfungsritual durchlaufen, bevor wir zu Jesu Gedächtnis feiern. Nein, die Absicht dahinter war, ein *bestimmtes Problem in einer Gemeinde* vor zweitausend Jahren in Korinth anzusprechen. In jener Gemeinde gab es Spaltungen und viel Bitterkeit untereinander (siehe V. 18).

Damals wurde das Abendmahl mit einer vollständigen Mahlzeit gefeiert, und manche kamen schon früher und aßen den anderen alles weg. Und glaub ja nicht, dass der Wein nicht auch schon früh leer getrunken war. Ja, das Problem waren Völlerei und Trunkenheit (siehe V. 20–22). Das Problem war sogar so verbreitet, dass die Menschen von diesen Saufgelagen krank und bewusstlos wurden und manche vielleicht sogar aufgrund von Alkoholismus starben (siehe V. 30). Ich bin mir nicht sicher, ob so etwas auch heute noch geschehen kann, da die meisten von uns das Abendmahl feiern, indem sie gerade mal einen Fingerhut voll Traubensaft und ein Häppchen Brot von der Größe eines Croûtons zu sich nehmen!

Nun, vergiss nicht, wir sind in Korinth. Stell dir Las Vegas plus Spring Break plus Karneval vor, und das alles in seiner jeweils extremsten Form. Um dem Ganzen noch eins draufzusetzen, erschienen dort auch Arme, und am Gemeindebüffet war nichts mehr für sie übrig. Darum war Paulus' Lösung für die Gemeinde, dass man *aufeinander warten* und dann *zusammen essen* sollte. Wenn irgendjemand superhungrig war, sollte er vor der gemeinsamen Feier erst zu Hause etwas essen (siehe V. 33–34). Auf diese Weise würden die Leute sich am Ende nicht um die Muffins streiten und einander beschuldigen, obwohl das Ganze eigentlich eine Feier des Leibes und Blutes Jesu sein sollte!

Was sollte also gemäß Paulus »geprüft« werden (siehe V. 28)? Angesichts all der Vorfälle war es ziemlich offensichtlich! Er sagte damit: »Hört auf und seht mal, was ihr da tut. Wenn ihr zu früh kommt, den anderen alles wegesst, euch bis zur Besinnungslosigkeit besauft und den Armen nichts übrig lasst, dann solltet ihr euch Zeit nehmen, euer Verhalten zu prüfen. Bewertet ganz neu, ob ihr Jesus damit Ehre macht. Und wartet in jedem Fall auf eure Geschwister in Christus, damit sie zusammen mit euch das Mahl genießen können. Es geht schließlich um Gemeinschaft und Einheit!«

Um dieses notwendige Prüfen ging es, und nicht um eine krankhafte, bei gedämpftem Licht durchgeführte Innenschau aller Sünden, die sie in letzter Zeit begangen hatten. Die Absicht war nie, eine Manie des Sündenbekennens auszulösen. Und es hatte auch nie etwas damit zu tun, dass wir uns für das Abendmahl »qualifizieren« müssen. Vergiss nicht, wir *sind* durch das Blut von Jesus – und durch nichts anderes – *bereits* qualifiziert.

Denkst du also an deine Sünden oder an deinen Retter, wenn du das Abendmahl feierst? Bist du eingenommen von der Größe deiner Schuld oder der Größe Gottes? Hast du schon einmal darüber nachgedacht, worauf du während des Abendmahls deinen Blick richtest?

> *Lasst uns … **auf Jesus blicken**, den Urheber und Vollender des Glaubens; er hat angesichts der vor ihm liegenden Freude das Kreuz auf sich genommen, ohne auf die Schande zu achten, und sich zur Rechten von Gottes Thron gesetzt.*
> *– Hebräer 12,2 eü*

## Was ist mit Matthäus 5?

Manche nehmen Matthäus 5, um ihren Standpunkt zu untermauern, dass man erst seine Sünden bekennen müsse, um am Abendmahl teilnehmen zu dürfen. Es ist das Kapitel, in dem Jesus darüber spricht, wie wir Dinge mit jemand anderem in Ordnung bringen sollen. Jesus sagt: »Wenn du nun deine Gabe *zum Altar* bringst und dich dort erinnerst, dass dein Bruder etwas gegen dich hat, so lass deine Gabe dort vor *dem Altar* und geh zuvor hin und versöhne dich mit deinem Bruder, und dann komm und opfere deine Gabe!« (Mt 5,23–24).

Zunächst einmal sagt keiner der Apostel im Zusammenhang mit dem Abendmahl jemals etwas, was dem auch nur im Entferntesten ähnlich ist. Und warum? Kannst du dir allen Ernstes vorstellen, dass einer von uns aufsteht, den Gottesdienst verlässt und jemanden aufsucht, den er verletzt hat, und dann später zurückkommt, um das Abendmahl zu feiern, wenn er »alles ins Reine« gebracht hat?

(Randbemerkung: Vergiss nicht, dass dieser Vers aus Matthäus 5 nur wenige Verse vor den »Hack-deine-Hand-ab«- und »Reiß-dein-Auge-heraus«-Versen steht. Das sollten wir berücksichtigen, denn wir können nicht einfach nach dem Multiple-Choice-Verfahren vorgehen, wenn es darum geht, welche Verse wir aus diesem Abschnitt anwenden wollen!)

Darüber hinaus ist es ziemlich klar, was Jesus damit eigentlich gemeint hat – er sprach zu Juden über ihre Opfergaben auf dem *Altar*. Heute gibt es keine *Altäre* mehr. *Das Kreuz hat alle alttestamentlichen Altäre ersetzt.* (Nein, dieser Tisch vorne in der Gemeinde ist kein Altar!) Ganz zu schweigen davon, dass wir Gott beim Abendmahl keine Opfer bringen. Es ist nämlich umgekehrt, wir feiern das Opfer Jesu *für uns*! Es ist also einfach ein unvertretbarer Brauch, zu Matthäus 5 zurückzugehen und Christen beizubringen, wir müssten mit anderen zuerst alles »ins Reine« bringen, bevor wir mit Brot und Wein das Abendmahl feiern.

Nun, ich bin sehr dafür, dass wir mit allen Menschen Frieden halten (siehe Röm 12,18). Aber bei der Feier des Abendmahls sollte uns bewusst sein, dass wir durch Jesus mit Gott *bereits* Frieden haben.

Wir können uns wirklich zurücklehnen, *entspannen* und genießen!

17

# WIR SCHULDEN GOTT KEIN GELD

Geld.

Geld zerstört Ehen. Geld lässt die Menschen vor der Gemeinde zurückschrecken. Geld ist eines der umstrittensten Themen auf diesem Planeten, direkt neben Religion und Politik.

Der Zehnte macht alles nur noch viel kontroverser. Der Zehnte ist natürlich die Vorstellung, dass Gott zehn Prozent deines Einkommens haben will. (Nun, wenn man alles zusammenzählt liegt der wahre Prozentsatz im Alten Testament bei knapp über zwanzig Prozent, und ob das Ganze brutto oder netto ist, bleibt unklar!)

Beraubst du also Gott?

Diesen Spruch haben wir alle schon gehört. Und nichts dreht mir den Magen mehr um. Also, damit ich das richtig verstehe – wir sollen uns vorstellen, wie Gott im Himmel sitzt und nach unserem Geld lechzt, und wenn wir nicht wenigstens zehn Prozent davon lockermachen, wird er böse? Manche sagen, dass er dir dann seine Segnungen verweigert, so wie ein Spielautomat dir deinen Gewinn verweigert, wenn du nicht ständig genügend neue Münzen einwirfst. Andere sagen, dass er dir nicht nur seine Segnungen verweigert, sondern dich sogar verflucht!

Druck. Manipulation. Die hinterhältigen Taktiken sterben nie aus. Ich habe von einer Gemeinde gehört, in der man während des Gottesdienstes nach vorne gehen muss, um den Zehnten zu geben. Der einzige Haken (außer dass dir alle dabei zusehen) ist, dass du deine Gabe in einen farbigen Umschlag stecken sollst. Du weißt schon, schwarz für eine normale Spende, Silber für eine besondere Spende und Gold für eine außergewöhnlich große Spende. Du läufst also den Gang entlang mit deinem Umschlag in der Hand und die anderen feuern dich an. Und jeder weiß genau, wie groß die Spende ist, die du gibst (oder du lernst einfach zu lügen). Klar, du kannst auf deinem Stuhl sitzen bleiben und nichts geben, aber dann macht sich dieses unwohle, schuldbehaftete Gefühl in dir breit … genau nach Plan.

Ist es das, was Gott für uns will? Weißt du, was der Apostel Paulus tat, als er hörte, dass die Gemeinde ihm ein Geldgeschenk geben wollte? Er schickte andere an seiner Stelle vor, die weniger einschüchternd waren, um das Geschenk in Empfang zu nehmen (siehe 2Kor 9,5). Warum hat er das getan? Um die Gemeinde nicht unter Druck zu bringen, dass sie über ihr Vermögen hinaus und dann ungern geben. Das ist ein echter Gentleman. Das zeigt ein feinfühliges Herz. Und anscheinend das völlige Gegenteil der Drucktaktiken, die wir heute in einigen Gemeinden sehen.

## Segnungen kaufen?

Versteh mich nicht falsch. Ich bin sehr dafür, dass wir freiwillig und großzügig geben, damit die Botschaft vom Evangelium verbreitet wird und Menschen in Christus wachsen können. Davon bin ich total begeistert! Aber wenn Pastoren anfangen, Verse aus Maleachi über Vorratshäuser und Getreideopfer und Segen und Fluch hervorzuholen (siehe Mal 3,8–10), dann verlasse ich das sinkende Schiff. Dann werfen manche noch ein, dass Gott den Zehnten dreifach zurückzahlt (oder fünffach, wenn du in die Gemeinde am anderen Ende der Straße gehst!). Spätestens dann fange ich an zu fragen, ob ihr Dienst nicht meinem Dienst einen Scheck ausstellen will, damit sie selbst von Gott das Fünffache dafür zurückbekommen! Oder wäre das zu viel verlangt?

Das Neueste heutzutage ist anscheinend die »Geld-zurück-Garantie« auf den Zehnten. Eine kurze Internetrecherche ergibt, dass haufenweise Gemeinden in dieser Richtung unterwegs sind. So funktioniert das Ganze: Wenn du mit der Menge von Segnungen oder Rückzahlungen nicht zufrieden bist, die du im Laufe der drei Monate nach deinem Zehnten erhältst, dann mach dir keine Sorgen – du kannst die Gemeindeleitung ansprechen und dein Geld zurückerhalten. Der einzige Haken dabei ist, dass du derjenige sein musst, der sagt: »Ähm, nun, es hat bei mir nicht funktioniert, darum frage ich mich, ob ich wohl jetzt das Geld zurückbekommen könnte.«

Peinlich! Und das ist wohl auch der Punkt. Wer wird denn wirklich hingehen und versuchen, das Geld erstattet zu bekommen? Nur die wenigsten, die Mutigen und die Verzweifelten. Die Zahlen bei den Gemeinden, die die Geld-zurück-Garantie propagieren, werden also wahrscheinlich stimmen.

Ich weiß nicht. Sollten wir wirklich zu Gott sagen: »Hey, ich lasse das Geld jetzt in den Opferbeutel fallen, und wenn du mich nicht innerhalb des Zeitlimits, das Pastor Rick gesetzt hat, zurücksegnest, dann werde ich es, wie vereinbart, zurückfordern«?

Das ist einfach seltsam. Ernsthaft, ich sehe in der Bibel keinen »Rückzugsplan«, wenn man Gott unter Vorbehalt ein Geschenk gibt, und ich sehe auch nirgends, dass Gott diese Art von »Deals«, die wir vermeintlich mit ihm machen, zu schätzen weiß.

Du wirst ebenso oft hören, dass wir geben sollen, »bis es wehtut«, was auch immer das bedeutet. Manche werden versuchen, dir zu sagen, dass du erst dann das gibst, was du geben solltest, wenn das Opfer schmerzhaft ist. Hä? Wirklich? Aber in 2. Korinther 8,12–14 steht, dass wir *freudig* geben sollen, weil wir sehen, dass Menschen in Not sind und weil wir einen *Überschuss* an Geld haben und wollen, dass das Evangelium verbreitet wird. Offensichtlich sollte Geben Spaß machen und nicht schmerzhaft sein!

## Die Wurzeln des Zehnten

Diese ganze Sache mit dem Zehnten kommt direkt aus dem jüdischen Gesetz. Jesus selbst bestätigt das, als er die Pharisäer schilt und sagt: »Weh euch, ihr *Gesetzeslehrer* und Pharisäer, ihr Heuchler! Ihr gebt noch von Gartenminze, Dill und Kümmel den zehnten Teil, lasst aber *die wichtigeren Forderungen des Gesetzes* außer Acht: Gerechtigkeit, Barmherzigkeit und Treue! Das eine hättet ihr tun und das andere nicht lassen sollen!« (Mt 23,23 NEÜ). Beachte, dass Jesus hier vom Zehnten als einer Forderung des Gesetzes spricht, die verglichen wird mit weiteren, »viel wichtigeren Forderungen des Gesetzes«.

Ja, laut dem Gesetz musste Israel seine Priester mit zehn Prozent (und mehr!) ihres Einkommens unterstützen, zusätzlich zu verschiedenen anderen Zehntabgaben. Aber diese Priester durften keinen eigenen Besitz haben und durften außerhalb ihrer Pflichten als Priester nichts anderes arbeiten. Doch heute finden wir Pastoren und Gemeindeleiter, die dieselben zehn Prozent von den Kirchgängern verlangen und dabei ihre eigenen Häuser und Autos haben und Zweit- und Drittjobs als Professoren, Autoren, biblische Ernährungsberater, Gebetsteppichverkäufer und so weiter nachgehen.

Das passt einfach nicht zusammen.

Vergiss nicht, dass das jüdische Gesetz nie für uns Heiden gedacht war (siehe Röm 2,14)! Im Epheserbrief steht, dass wir Heiden ohne Bund und ohne Hoffnung waren, bis Gottes neuer Weg auf der Bildfläche erschien (siehe Eph 2,12). Was um alles in der Welt denken wir uns also dabei, wenn wir als Heiden hier am westlichen Ufer des Atlantiks, tausende Kilometer von Israel entfernt, einen Zehnten fordern und den Segen und den Fluch aus Maleachi 2 zitieren?

Und beachte, dass einige den Teil mit dem Fluch gänzlich überspringen, weil es heutzutage wahrscheinlich »kirchlich unkorrekt« ist, den Menschen in der Gemeinde zu sagen, dass sie verflucht werden. Deshalb konzentrieren sich diese Lehrer ausschließlich auf die Verheißung des Segens, wenn du den ganzen Zehnten »ins Vorratshaus« bringst (Mal 3,10). (Ich habe mir schon oft vorgestellt, wie ich mit einem Kipplaster voller Getreide bei einer dieser Gemeinden vorfahre und ihnen alles auf den Rasen kippe. Zu übertrieben?)

Kommt es uns denn nicht seltsam vor, dass *nicht ein einziger Brief des Neuen Testaments auch nur einen einzigen Vers enthält, der uns anweist, den Zehnten zu geben?* Haben die Apostel so eine wichtige Lehre irgendwie übersehen?

Wir sollten uns an den Plan halten – es geht beim Geben um *Freiheit.*

## Die Wahrheit über Melchisedek

Nun, oftmals erwähnt jemand, wenn er in den Briefen des Neuen Testaments stöbert, die alttestamentliche Geschichte, in der Abraham Melchisedek den Zehnten gibt. Sie wird in Hebräer 7 nacherzählt. Dabei dürfen wir ein paar Dinge nicht vergessen:

1. Es handelt sich um eine Geschichte aus dem Alten Testament, die aus einem bestimmten Grund nacherzählt wird.
2. Die Stelle enthält keine »Anwendungs«-Verse, die uns sagen, dass wir den Zehnten geben sollen.
3. Abraham gab Melchisedek etwas von seiner Kriegsbeute

Ja, ganz recht. Abraham zog in den Krieg, erschlug Menschen, nahm ihnen ihren Besitz und bot Melchisedek dann den zehnten Teil seiner *Kriegsbeute* an (siehe Hebr 7,1–2 NLB). Sollten wir das etwa auch nachahmen? Kannst du dir vorstellen, wie wir gegen andere religiöse Gruppen zu Felde ziehen und dann die Beute zur örtlichen Gemeinde schleppen? Daran will ich erst gar nicht denken.

Das Abgeben des zehnten Teils der Kriegsbeute war im Nahen Osten ein gängiger Brauch. Es war ein Zeichen dafür, dass man den Machthabern Ehre erwies. Diese alttestamentliche Geschichte wird aus einem bestimmten Grund im Hebräerbrief noch einmal aufgegriffen. Die Logik von Hebräer 7 ist folgende:

1. Abraham steht für Levi. Melchisedek steht für Christus.
2. Abraham ist geringer als Melchisedek. Levi ist geringer als Christus.
3. Der Priester des alten Bundes ist geringer als der Priester des neuen Bundes.
4. Der alte Bund ist geringer als der neue Bund.
5. Darum ist der neue Bund besser.

Das ist der springende Punkt. Das ist der einzige Grund, warum diese Geschichte nacherzählt wird. Es geht um zwei Priester und zwei Bünde, die miteinander verglichen werden. Um nichts anderes geht es in dieser Stelle.

## Was ist mit den vier Evangelien?

Aber was ist mit den vier Evangelien? Hat nicht Jesus selbst gesagt, wir sollten den Zehnten geben?

Nein, eigentlich nicht, es sei denn, du bist ein Pharisäer. Es gibt nur drei Stellen in den Evangelien, in denen der Zehnte erwähnt wird.

Wie gesagt, Matthäus 23,23 und Lukas 11,42 zeigen, wie Jesus die Pharisäer dafür tadelt, dass sie ihre Gewürze verzehnten, aber die wichtigeren Forderungen des Gesetzes wie Gerechtigkeit und Barmherzigkeit vernachlässigen. Und in der dritten Stelle, Lukas 18,11–14, spricht Jesus mit einem egoistischen Pharisäer, der damit prahlt, dass er nicht so ist wie die Übeltäter und treu seinen Zehnten bezahlt.

Das war's schon mit den Stellen in den Evangelien, in denen der Zehnte erwähnt wird. Du wirst also nur dann eine Anweisung Jesu finden, den Zehnten zu zahlen, wenn du ein Pharisäer unter dem jüdischen Gesetz bist. In den vier Evangelien gibt es keinerlei Auftrag an die neutestamentliche Gemeinde, dass sie den Zehnten geben soll.

Freiheit. Das ist hier der Kernpunkt.

Freiheit bedeutet, wir leben aus unserem Herzen, wenn es darum geht, andere Menschen zu lieben und Geld zu geben. Freiheit sollte jeden Aspekt unseres Lebens bestimmen! In 2. Korinther steht, dass der Geist Gottes, wo immer er auch ist, ein Umfeld von Freiheit fördert (siehe 2Kor 3,17). Das heißt nicht, dass wir auf unseren Brieftaschen sitzen und die ganze Zeit »Freiheit« rufen. Es heißt einfach, dass wir uns von Gottes Geist bewegen lassen, das zu geben, was er uns aufs Herz legt – in Freiheit und ohne Druck, aber auch großzügig, wenn er uns dazu anregt (siehe 2Kor 9,7). Das können drei Prozent oder zehn Prozent oder achtzehn Prozent sein und manchmal kann das auch heißen, dass wir gar nichts geben, wenn es einen guten Grund dafür gibt.

Gott braucht unser Geld nicht. In der Apostelgeschichte steht, dass er nichts von uns benötigt (siehe Apg 17,25). Vergiss nicht, er ist Gott und *besitzt* bereits alles! Darum lasst uns diese Vorstellung über Bord werfen, wir wären Gott etwas schuldig und würden wir ihn berauben, wenn wir in der Gemeinde nicht »genug« Geld spenden. Das ist eine Theologie, die bloß Schuld erzeugt. Wenn wir uns durch 2. Korinther 8 und 9 arbeiten, entdecken wir stattdessen, dass wir *freudig* geben können, wenn wir eine *Not* sehen, wenn wir vom christlichen Dienst *begeistert* sind und wenn wir Geld *übrig* haben, das wir geben können (siehe 2Kor 8,12–14; 9,7).

Das ist etwas ganz anderes, als einer alleinerziehenden Mutter von fünf Kindern, die mit ihren 15.000 Dollar jährlich gerade so über die Runden kommt, zu sagen, sie müsse für ihre Gemeinde noch mindestens 1500 Dollar blechen, um Gott nicht zu berauben. Es ist auch etwas ganz anderes, als ihr die Lüge aufzutischen, dass sie ihre 1500 Dollar (mit himmlischen Zinsen) innerhalb von maximal drei Monaten wieder zurückbekommt! Paulus beschreibt Menschen mit solchen absurden Ideen als »Menschen, deren Denken verdorben ist; diese Leute sind von der Wahrheit abgekommen und meinen, die Frömmigkeit sei ein Mittel, um irdischen Gewinn zu erzielen« (1Tim 6,5 EÜ). Damit wäre alles gesagt.

Darum entspanne dich und gib mit freudigem Herzen und vergiss dabei nicht, dass *du Gott nichts schuldig bist.* Gott selbst hat verkündet, dass er durch das Kreuz jegliche gesetzliche Schuldigkeit ihm gegenüber ausgelöscht und jeden entwaffnet hat, der uns anklagen könnte:

*Er hat den Schuldschein, der gegen uns sprach, durchgestrichen und seine Forderungen, die uns anklagten, aufgehoben. Er hat ihn dadurch getilgt, dass er ihn an das Kreuz geheftet hat. Die Fürsten und Gewalten hat er entwaffnet und öffentlich zur Schau gestellt; durch Christus hat er über sie triumphiert. – Kolosser 2,14–15* EÜ

EPILOG

# ENTSPANNE DICH MIT GOTT

Wow! Wir haben so viele erstaunliche Wahrheiten im neuen Bund gefeiert. Wie radikal sie sind! Und wie lebensverändernd sie für jeden sein können, der sich entscheidet, sich in ihnen zu *entspannen*. Ich hoffe, dass du dich mit mir zusammen darüber freust, wie genial unser Gott ist, dass er sich einen so herrlichen Bund ausgedacht hat. Und ich bete, dass du nun gesehen hast, wie weit die Tür zu einem Leben geöffnet ist, in dem du mit Gott völlig entspannen kannst. Aber sicherheitshalber sollten wir uns noch einmal einige der Hauptattraktionen unserer gemeinsamen Reise ansehen!

## Entspanne dich: Du bist frei!

Die Gläubigen des Neuen Testaments sollten keinerlei geistliche Beziehung mit dem Gesetz pflegen. Das Gesetz dient heute nur einem einzigen Zweck: dem Ungläubigen zu zeigen, dass er Christus braucht. Sobald wir in Christus sind, sind wir nicht mehr unter der Aufsicht des Gesetzes.

Das Gesetz ist ein Dienst der Verdammnis, der den Tod bringt. Das Gesetz wurde eingeführt, damit die Sünde vor unseren Augen zunimmt, nicht damit sie abnimmt. Wenn jemand unter dem Gesetz ist (egal ob verloren oder errettet), wird es sündige Begierden in ihm wecken. In einem Leben, das auf der Grundlage des Gesetzes geführt wird, erfährt man die Macht der Sünde (siehe 1Kor 15,56). Aber ohne das Gesetz verliert die Sünde ihre Kontrolle über uns (siehe Röm 7,8 NLB).

Wer vom Geist geleitet wird, hat nichts mehr damit zu schaffen, unter dem Gesetz zu sein. Es ist absurd, etwas Derartiges überhaupt in Erwägung zu ziehen! Es würde bedeuten, dass Christen sich von Meeresfrüchten und Schinkenbrötchen fernhalten sollten. Christliche Frauen müssten zur Zeit ihrer Tage »im Zelt« bleiben. Und Kleidung, die aus mehr als einem Garn gewebt wurde, müssten wir wegwerfen. Uns ist nicht ganz klar, was wir sagen, wenn wir für Gesetzesgehorsam eintreten.

Manche sagen, wir seien zwar frei von den levitischen Bestimmungen und dem Opfersystem, stünden aber noch unter den Zehn Geboten. Wenn das wahr wäre, müssten wir den Sabbat halten, dürften freitagabends keine E-Mails mehr schreiben und samstags nicht mehr im Garten arbeiten. Aber nur unter den Zehn Geboten zu sein, ist eigentlich auch keine Option. Niemand gibt uns das Recht, Gottes Gesetz (613 Bestimmungen!) in Stücke aufzuteilen, um nur einen Teil davon zu übernehmen, aber nicht alles.

Das Gesetz bedeutet Alles oder Nichts. Jakobus erinnert uns daran, dass derjenige, der das ganze Gesetz hält und nur in einem Punkt versagt, in allem schuldig geworden ist. Der Galaterbrief erinnert uns daran, dass alle, die unter dem Gesetz sind, unter einem Fluch sind, weil man verflucht ist, wenn man nicht *alles* tut, was im Gesetz geschrieben steht. Genau aus diesem Grund hat Gott uns von *allen* Anforderungen des Gesetzes frei gemacht, nicht nur von einigen.

Als Ungläubige sind wir mit den Anforderungen des Gesetzes »verheiratet«. Aber als Christen sind wir dem Gesetz gestorben, damit wir wieder verheiratet werden können – und zwar mit dem auferstandenen Christus. Wenn wir zum Gesetz zurückkehren, um durch es errettet zu werden oder um es als *Leitfaden für unser tägliches Leben* zu nutzen, ist das gleichbedeutend mit geistlichem Ehebruch. Wir betrügen Jesus, der alles ist, was wir für unser Leben und die Ehrfurcht vor Gott brauchen. Die Frucht seines Geistes, die durch uns Ausdruck findet, reicht aus für jedes gute Werk. Wenn wir uns also auf Gebote verlassen, die in Stein gehauen sind, offenbart das nur, dass unser Vertrauen in den innewohnenden Christus nicht existiert oder bestenfalls erbärmlich ist. *Damit sagen wir, dass wir Jesus zwar für sein Blut annehmen, aber nicht für sein Auferstehungsleben in uns.*

Wenn wir die Kraft der Gnade Gottes betonen, entwerten wir damit nicht das Gesetz. Stattdessen heben wir das Gesetz auf ein Podest und ehren es dafür, dass es in jeglicher Hinsicht vollkommen ist. Wir geben zu, dass es so vollkommen und so anspruchsvoll ist, dass wir seinen hohen Qualitätsmaßstab nicht einhalten können. Aus genau diesem Grund hat Gott uns vom Gesetz befreit und uns ein völlig anderes System angeboten, wie wir mit ihm in Beziehung treten können. Gott sei Dank sind wir von einem System befreit worden, das nur Versagen begünstigt.

Gott sei Dank für die Schönheit seines neuen Bundes!

## Entspanne dich: Dir ist vergeben!

Uns Christen wird nicht Schritt für Schritt vergeben. Wir sind Menschen, denen vergeben ist! Unsere Vergebung ist nicht davon abhängig, dass wir uns an jede einzelne Sünde erinnern können und sie bekennen oder um Vergebung dafür bitten. Nein, unsere Reinigung kam allein durch das Blut Christi zustande. Sie beruht auf seinem vollbrachten Werk, nicht auf unserer genauen Buchführung. Wie Hebräer 10,10 es ausdrückt, genießen wir auf dieser Seite des Kreuzes den unglaublichen Segen der »Ein-für-alle-Mal«-Vergebung.

Darum müssen wir nicht ständig um Vergebung bitten, flehen, betteln oder darauf warten. Der Ausdruck »um Vergebung bitten« ist in den neutestamentlichen Briefen nirgends zu finden. Warum? Weil das Bitten um Vergebung das *vollbrachte* Werk Christi definitiv außer Acht lässt. Wir bitten nicht immer wieder um etwas, was wir bereits haben!

Christus Jesus wird nie wieder sterben. Sein Blut wird nie wieder für unsere Sünden vergossen werden. Da sein Blut der Auslöser für die völlige Vergebung unserer Sünden war, müssen wir uns unbedingt darauf verlassen, dass keine Wiederholung notwendig ist. Es gibt kein anderes Opfer für unsere Sünden, denn sein einmaliges vollkommenes Opfer war genug. Wenn wir unserer Vergebung noch eine Bedingung hinzufügen, bespucken wir den Sohn Gottes.

Denk mal darüber nach. Wenn es ein tägliches System gäbe, um mehr Vergebung und Reinigung zu bekommen, dann hätten die Galater, Epheser, Philipper, Kolosser, Korinther und Thessalonicher offenbar nie etwas davon gehört! Warum nicht? Weil ein Reinigungsritual völliger Unsinn wäre angesichts der vollen Genüge von Christi Blut, mit dem er all unsere Sünden ein für alle Mal beseitigt hat.

Stell dir vor, welche potenzielle Auswirkung es auf die Schuldbeladenen hätte, wenn die Gemeinde heute ihr inkonsequentes und unbiblisches Glaubenssystem über Vergebung fallen lassen würde. Was wäre, wenn wir dem Gott des ganzen Universums einfach zustimmen würden, dass es »vollbracht« ist (Joh 19,30)?

## Entspanne dich: Du bist neu!

Errettung ist viel mehr als nur ein »Sahnehäubchen« des Heiligen Geistes, das er unserem alten Ich aufsetzt. Wenn wir unser Vertrauen auf Christus setzen, findet im Innersten unseres Wesens eine Operation statt. In Christus empfangen wir einen neuen menschlichen Geist und Gottes Geist in unser Inneres.

Wir nehmen teil an dem Tod, dem Begräbnis und der Auferstehung von Christus. Wir sterben und beginnen ganz neu mit einer neuen geistlichen Abstammungslinie. Wir sind im Kern anders geworden. Nicht nur unser Wertesystem verändert sich und nicht nur kommt der Geist Gottes, um in uns zu leben. Es ist mehr. Unser eigener menschlicher Geist (der tot war für Gott) wird gegen einen neuen menschlichen Geist ausgetauscht. Das ist die weitreichendste Veränderung, die in einem Menschen stattfinden kann. Geistlich gesehen wird aus uns buchstäblich ein anderer Mensch.

Aber wenn unser alter Mensch tot ist, warum wirbeln dann immer noch diese quälenden Gedanken durch unseren Kopf? Sollten wir nicht ohne Sünde sein, wenn wir so neu sind? Obwohl der alte Mensch getötet wurde, ist das Fleisch immer noch da und aktiv. Das Fleisch ist ein Netzwerk weltlicher Überlebensstrategien, die wir anwenden, um unsere Bedürfnisse zu befriedigen. Aber das Fleisch ist nicht unsere geistliche Natur. Wir sind nicht das Fleisch. Vergiss nicht, es ist wie eine überholte Software, die immer noch auf unserer neuen geistlichen Hardware läuft. Obwohl wir manchmal versucht sind, auf fleischliche Mittel zurückzugreifen, um uns durchzuschlagen, sind wir nicht dazu geschaffen, so zu leben. Das wird uns nie erfüllen. Im Grunde genommen steht das Leben im Fleisch im Widerspruch zu unserer geistlichen Natur und ist mit unserem geistlichen Design nicht kompatibel.

Aber das Fleisch arbeitet nicht alleine. Es steckt mit einer Macht namens *Sünde* unter einer Decke, die durch das natürliche Gehirn Zugang zu unserem Verstand hat. Dieser Geheimagent, die Sünde, ist kalt und berechnend in ihrem Bemühen, uns zur Abhängigkeit vom Fleisch hinzubewegen. Sie ist geschickt darin, uns eine maßgeschneiderte Versuchung vorzusetzen, die direkt die Ausprägung des Fleisches anspricht, mit der wir uns abmühen. Paulus ging sogar so weit zu sagen, dass er nicht mehr Herr seiner Taten war, als dieser Parasit der Sünde ins Spiel kam. Er fühlte sich, als wäre er an *etwas anderes* versklavt (siehe Röm 7,17.20).

Es ist enorm wichtig zu erkennen, was die Quelle der Versuchung ist (nämlich das Fleisch und die Macht der Sünde), damit wir unsere geistliche Identität genau verstehen – wer wir wirklich sind! Sonst wird das Wasser trübe. *Bin ich gerecht oder sündig? Bin ich ein Heiliger oder ein Sünder? Was will mein Herz wirklich? Und warum bekomme ich ständig diese Gedanken?*

Fragen wie diese können erst dann richtig beantwortet werden, wenn wir unser tägliches Gedankenleben auf eine klare Weise biblisch erklären können. Sobald erst einmal entlarvt ist, wer wirklich hinter diesem Kampf steckt, können wir die lebensverändernde Wahrheit, dass wir in dieser Welt Fremdlinge sind, die buchstäblich aus dem Geist geboren und von Grund auf für gute Werke neu geschaffen wurden, leichter begreifen. Wir müssen nicht länger in der irrigen Annahme leben, wir seien ein Haus, »das mit sich selbst uneins ist« (Mt 12,25)!

Das Fazit ist: Jetzt, da du in Christus bist, liegst du nirgends mehr falsch! Du bist angenommen, weil Gott dich zu jemandem gemacht hat, der ihm angenehm ist. Du wirst als gerecht bezeichnet, weil du buchstäblich und tatsächlich in deinem Inneren als gerechter und heiliger Mensch neu geschaffen wurdest. In deinem Geist bist du zu 100 Prozent neu – und zwar aufgrund dessen, was er *für* dich und *an* dir getan hat.

Deine Haltungen und Taten werden nicht durch fleischliche Anstrengung beeinflusst, sondern dadurch, dass du dich an die »Herzoperation« erinnerst und dich darauf als die Realität verlässt, die im Hier und Jetzt gilt. Und wie lebt man dann jetzt als Christ?

Schritt 1: Lerne, wer du in Jesus Christus bist.

Schritt 2: Wache auf und sei du selbst.

Schritt 3: Das Ganze von vorne.

Und, wie klingt das als ein Drei-Schritte-Programm?

## Entspanne dich: Du hast Auferstehungsleben!

Christsein heißt nicht nur, einen Freifahrtschein für den Himmel zu haben; es bedeutet auch nicht primär, dass man ein religiöses Buch studiert; es geht im Wesentlichen auch nicht darum, dass man seine Einstellungen und Taten erneuert. Auch wenn der Himmel, das Bibellesen und unser Verhalten Teilaspekte unseres Lebens als Christ sind und eine wichtige Rolle spielen, sind sie nicht der Hauptgrund, warum Christus kam. In eigenen Worten machte Jesus es ganz deutlich: »Ich bin gekommen, damit sie das Leben haben« (Joh 10,10).

Errettung ist nichts Geringeres, als das Leben von Christus in einem irdischen Gefäß zu besitzen. Ja, direkt unter deinem

Fleisch und deinen Knochen und allem, was »du« bist – genau dort lebt Jesus buchstäblich und wirklich!

Und das neue geistliche Leben, das wir durch Christus besitzen, gewährt uns Sicherheit auf lange Sicht. Wir werden so lange gerettet sein, wie das Leben von Christus andauert. Durch Gottes Eingreifen sind wir in Christus Jesus. Darum ist es an ihm, uns in Christus zu bewahren. Gott versprach, dass dieselbe Person, die ihr gutes Werk in uns angefangen hat, es auch zur Vollendung bringen wird. Er wird uns nie verlassen und nie im Stich lassen und keiner kann uns aus seiner Hand reißen. Diese Zusagen lassen uns mit Zuversicht durchs Leben gehen. Wir sind mit Christus vereint und nichts kann uns von seiner Liebe trennen.

Dass wir den Geist des Christus in uns tragen, ist kein neuer Gedanke. Es ist nur die Wiederherstellung des Lebens, das Adam und Eva im Garten Eden verloren hatten. Der christliche Glaube ist also kein Verhaltensverbesserungsprogramm und, streng genommen, noch nicht einmal eine Religion. Es ist viel natürlicher als das. Beim Christsein geht es darum, dass das Wesen eines Menschen zurück in seinen unschuldigen (gerechten) Zustand gebracht und der Heilige Geist wieder an seinem rechtmäßigen Platz in uns eingesetzt wird.

Das ist die Wahrheit in all ihrer Macht. Das ist die Botschaft, für die die Urgemeinde bereit war, verfolgt und getötet zu werden: Jesus Christus, der buchstäblich und wirklich in uns lebt, komme was da wolle. Jesus Christus, der das Alltägliche jeden Tag aufs Neue zum Wunder werden lässt. Jesus Christus, der nicht in erster Linie deine Umstände umgestaltet, sondern zuvorderst neues Leben für dich ist, selbst inmitten der alten Umstände.

*Das* ist wirklich gewaltig.

## Entspanne dich: Das ist das echte Leben!

Die Freiheit, Vergebung, Identität und das neue Leben – alles, was wir durch den neuen Bund besitzen – werden durch unser tägliches Verhalten in keiner Weise beeinträchtigt. Diese Schätze dürfen wir behalten.

Kurz gesagt, Gnade ist Gnade, egal was passiert.

Aber in der Bibel gibt es scheinbar zwei immer wiederkehrende Gründe, sich für ein aufrichtiges Verhalten zu entscheiden: (1) gute Werke passen zu dem, wer wir als Heilige von Natur aus sind; und (2) gute Werke sind eine sehr sinnvolle Entscheidung, da Sünde uns sowieso nichts bringt. Der neue Bund, der uns errettet und Heilsgewissheit und eine Zukunft gegeben hat, ist derselbe Bund, der uns lehrt, zur Sünde Nein zu sagen. Aber selbst wenn wir es schaffen, zur Sünde Nein zu sagen, brauchen wir immer noch die Mittel, um zu guten Werken Ja zu sagen. Auch diese Mittel haben wir, wenn wir in den Wahrheiten der Gnade des neuen Bundes ruhen.

Von unserer geistlichen Geburt bis hin zum geistlichen Wachstum geht es nur darum, dass wir unsere Augen auf das vollbrachte Werk Jesu Christi richten. Wenn wir das tun, verspricht Jesus »Ruhe … für eure Seelen« (Mt 11,29).

Ist es nicht an der Zeit, dass du anfängst, dich mit Gott zu entspannen?

ENTSPANNE DICH MIT GOTT

# EIN BIBELSTUDIUM IN SIEBEN TEILEN

## Teil 1 - Entspanne dich: Es gibt einen neuen Weg

1. Lies Hebräer 9,16–17. Im griechischen Grundtext wurden die Begriffe *Bund* und *Testament* austauschbar verwendet. Wann hat der neue Bund tatsächlich begonnen? Warum könnte es deiner Meinung nach wichtig sein, das bei unserem Bibelstudium zu berücksichtigen?
2. Lies Hebräer 8,8–12. Wie beschreibt Gott den neuen Bund? Was sind dessen Eigenschaften? Inwiefern bilden alle Bestandteile des Bundes zusammen eine umfassende Einheit, die keine »billige Gnade« oder »gefährlich« ist, wie manche vielleicht glauben?
3. Lies Hebräer 10,8–10. Was hat Gott mit dem ersten Bund gemacht? Was bewirkt dieses neue »Testament« (dieser neue Bund) für uns? Wird es sprachlich in der Gegenwarts-, Vergangenheits- oder Zukunftsform zum Ausdruck gebracht? Muss das Geschehene jemals abgeändert oder wiederholt werden?
4. Lies Hebräer 7,18–19. Warum wurde das vorher gültige Gebot aufgehoben? Was macht den neuen Bund so anders?

5. Lies Hebräer 8,13. Wie wird der alte Bund beschrieben? Warum wird er jetzt in diesem Licht gesehen?
6. Lies Hebräer 8,7–8. Das Gesetz ist heilig und vollkommen – was also war das *wirkliche* Problem am alten Bund?
7. Lies Hebräer 7,11–12. Gott hätte Jesus in den Stammbaum von Levi und Aaron einsetzen können. Was wollte Gott uns damit sagen, als er Jesus außerhalb dieser alttestamentlichen Priesterlinie zur Welt kommen ließ?
8. Lies Hebräer 8,6. Wie werden der alte und der neue Bund miteinander verglichen? Warum sind sie so unterschiedlich?
9. Lies Hebräer 9,15. Wie wird das Priestertum von Christus beschrieben? Wie wird unser Erbe beschrieben? Was ist mit den Gläubigen, die unter dem alten Bund waren?

## Teil 2 - Entspanne dich: Ein neuer Priester ist da

1. Lies Hebräer 7,20–22. Welcher Schwur war Teil des neuen Bundes? Wer hat wem etwas geschworen? Was bedeutet das für uns?
2. Lies Hebräer 7,23–25. Inwiefern ist das Priestertum von Jesus anders als das der Priester des alten Bundes? Wie wird unsere Errettung hier beschrieben? Aus welchem Grund sind wir laut dieser Stelle für immer gerettet?
3. Lies Hebräer 10,1–3. Wie oft wurden im alten Bund Opfer gebracht? Wie effektiv waren sie? Welche zwei Auswirkungen hätte es gehabt, wenn die Menschen des Alten Testaments das gehabt hätten, was wir heute erleben können?
4. Lies Hebräer 10,3–5. Welche Rolle spielten die alttestamentlichen Opfer eigentlich für das Gewissen? Haben sie die Sünden *weggenommen* oder nur zugedeckt (und gesühnt)?

5. Lies Hebräer 9,26–28. Warum wird hier deiner Meinung nach betont, wie oft Christus gestorben ist? Was bedeutet das für deine Vergebung? Was sagt dieser Abschnitt über die Rückkehr Christi?
6. Lies Johannes 1,29; 1. Johannes 2,1–2 und 1. Johannes 3,5. Was hat Jesus vollbracht, was die Opfer des alten Bundes nicht geschafft haben?
7. Lies Hebräer 1,3 und 10,11–14. Wofür steht hier das Stehen und das Sitzen? In welcher »Position« befindest du dich, was deine Sünden anbelangt? Was hat das eine Opfer von Jesus vollbracht? Für wie lange?
8. Lies Hebräer 10,17–18. Welche Einstellung hat Gott jetzt zu unseren Sünden? In welcher Zeitform wird unsere Vergebung ausgedrückt – Vergangenheit, Gegenwart oder Zukunft? Was bedeutet es für dich, dass Jesus nie wieder ein Opfer für deine Sünden bringen wird?
9. Lies Hebräer 4,1.9–11. Was ist die Verheißung, die noch besteht? Wie können wir deiner Meinung nach »bemüht« sein, in diese geistliche Ruhe einzugehen? Was bewirkt diese geistliche Ruhe für uns?
10. Lies Hebräer 4,16 und 10,19–23. Wie sollten wir uns in Gottes Gegenwart fühlen? Aus welchem Grund können wir uns so fühlen? Und zum Schluss, warum können wir solch eine unglaubliche Hoffnung haben?

## Teil 3 – Entspanne dich: Du bist nicht unter dem Gesetz

1. Lies 1. Timotheus 1,5–10. Über welches Problem informiert Paulus den jungen Pastor Timotheus? Für wen wurde das Gesetz eigentlich gemacht?

2. Lies Römer 3,19–20. Zu wem spricht das Gesetz? Was sagt es? Welche Auswirkung hat das auf das Gewissen?
3. Lies Galater 3,19–24. Was sagt das Gesetz zur Welt? Wann waren wir unter dem Gesetz eingeschlossen? Welchem Zweck diente das Gesetz zu jener Zeit? Auf welche Weise?
4. Lies Galater 2,16. Laut Paulus' Aussage: Was wissen er und seine Mitapostel? Welche Entscheidung trafen sie infolgedessen?
5. Lies Galater 3,21. Stehen das Gesetz und die Verheißungen Gottes im Widerspruch zueinander? Warum oder warum nicht? Was kommt durch die Verheißung, was das Gesetz nie erreichen kann?
6. Lies Matthäus 5,21–22.27–29. In welcher Hinsicht schraubt Jesus die Latte höher und offenbart den wahren Geist des Gesetzes? Was war deiner Meinung nach die Reaktion seiner damaligen Zuhörer? Denkst du, dass wir heute eher dazu in der Lage sind, diesen Maßstab zu erfüllen?
7. Lies Galater 3,10 und Jakobus 2,10. Bewertet Gott unter dem Gesetz unsere besten Leistungen anhand einer Durchschnittsskala? Wie wird ein Leben unter dem Gesetz beschrieben? Wie klingt das für dich?
8. Lies Römer 6,14 und 7,5.8. Welche zwei Dinge geschehen mit der Sünde unter dem System des Gesetzes? Wie erlebt man Freiheit von der Sünde?
9. Lies Kolosser 2,20–23. Wen spricht Paulus hier an – Gläubige oder Nichtgläubige? Was sagt Paulus über ein System, das auf Regeln beruht? Warum können wir es uns deiner Meinung nach leisten, auf diese befreiende Weise zu leben?
10. Lies 2. Korinther 3,7–9. Manche Menschen glauben, dass die Zehn Gebote auch heute noch der »Ausgangspunkt« oder das angepeilte »Ziel« für Christen sind. Wie beschreibt dieser Vers die Zehn Gebote? Was beweist uns, dass hier ausdrück-

lich die Zehn Gebote gemeint sind? Wie wird Gottes Alternative für uns beschrieben?

11. Lies Galater 4,4–5. Wurde Jesus in eine Zeit des Gesetzes oder in eine Zeit der Gnade hineingeboren? Und wie war das bei seinen Zuhörern? Wie könnte sich das auf die Art und Weise auswirken, wie wir manche der äußerst harten Lehren Jesu über das Amputieren von Körperteilen und den Versuch, vollkommen zu sein, betrachten? Was bewegte Jesus deiner Meinung nach dazu, seine Zuhörer diese Dinge zu lehren?

## Teil 4 - Entspanne dich: Du bist unter der Gnade

1. Lies Matthäus 5,17–18. Sind Himmel und Erde bereits vergangen? Ist deshalb das Gesetz aufgelöst worden? Wurde das Gesetz erfüllt? Wenn das Gesetz bereits erfüllt wurde, sollten wir dann »Gott dabei behilflich sein«, es heute zu erfüllen? Wenn es nicht darum geht, worum geht es im Leben als Christ deiner Meinung nach stattdessen?
2. Lies Römer 8,3–4. Wann hat Gott das Gesetz erfüllt? Wie hat Gott das Gesetz erfüllt? In welchem Ausmaß hat Gott das Gesetz erfüllt? Wie wirkt sich das auf unsere Vorstellung aus, wir sollten heute versuchen, das Gesetz zu erfüllen?
3. Lies Römer 10,4. Was steht hier über das Gesetz? Was steht hier über Gerechtigkeit?
4. Lies Galater 3,24–25. Welchem Zweck diente das Gesetz? Welche Rolle sollte das Gesetz jetzt, da wir Gläubige sind, in unserem Leben spielen?
5. Lies Galater 5,18. Wie wird unsere Beziehung zum Gesetz beschrieben? Was ist Gottes Alternative für uns?

6. Lies Römer 7,4–6. Was ist mit unserer Bindung an ein Leben geschehen, das auf dem Gesetz basiert? Zu wem gehören wir? Was musste stattfinden, damit wir wirklich Frucht bringen können? Auf welche Weise dienen wir jetzt?
7. Lies Galater 2,19. Welche Erfahrung musste Paulus machen, um wirklich für Gott leben zu können?
8. Lies Galater 3,1–3. Hier macht Paulus mit den Galatern eine Art Multiple-Choice-Test. Welche beiden Dinge fragt er sie? In welchem Zusammenhang stehen diese beiden Fragen? Sollten wir auf jede eine andere Antwort haben?
9. Lies Galater 5,2–4. Was geschieht mit einer Person, die sich für ein Leben entscheidet, das auf dem Gesetz basiert? Welchem Maßstab muss dieser Mensch tatsächlich gerecht werden? Erreicht irgendjemand diesen Maßstab? Welche Formulierungen werden verwendet, um die zu beschreiben, die versuchen, durch das Gesetz »mit Gott ins Reine zu kommen«?
10. Lies Titus 2,11–14. Welche beiden Dinge bewirkt die Gnade Gottes gemäß dieser Stelle? Klingt das für dich so, als würde Gott denken, ein Leben unter Gnade sei in Bezug auf unser Verhalten »riskant«?
11. Lies 2. Korinther 12,9. Macht dich ein Leben unter der Gnade schwach? Welche Einstellung unsererseits und welche Reaktion Gottes darauf führen dazu, dass ein Leben unter der Gnade wirklich »funktioniert«?
12. Lies Galater 5,1. Was hat Christus für uns getan? Wie wichtig ist es, dass wir die Reinheit dieser Botschaft bewahren?

## Teil 5 - Entspanne dich: Dir ist vergeben

1. Lies Kolosser 2,13–14. Welche drei Dinge hat Gott im neuen Bund für uns getan?
2. Lies Epheser 4,32 und 1. Johannes 2,12. In welcher Zeitform steht unsere Vergebung – in der Vergangenheit, Gegenwart oder Zukunft? Was bedeutet das für dich persönlich?
3. Lies Johannes 3,17–18 und Römer 8,1–2. Worüber werden wir informiert, wenn es darum geht, gerichtet, verurteilt oder verdammt zu werden? Was ist der Grund für unsere Freiheit von der Verurteilung bzw. vom Gericht?
4. Lies Epheser 1,7 und Kolosser 1,13–14. Welche beiden Dinge werden uns in Christus gegeben? Warum ist es so wichtig zu erkennen, dass wir das eine nicht ohne das andere haben können?
5. Lies Römer 5,11 und Kolosser 1,21–22. Was bedeutet es für dich, dass du mit Gott völlig versöhnt bist? Welche drei Begriffe werden in der Kolosserstelle verwendet, um dich zu beschreiben?
6. Lies 2. Korinther 5,18–19. Jetzt da wir versöhnt sind, welchen Dienst haben wir erhalten? Welche Botschaft können wir weitergeben?
7. Lies Johannes 19,30. Was haben die letzten Worte von Jesus am Kreuz mit dir persönlich zu tun?
8. Lies 1. Johannes 1,8–10. Diese Stelle wurde weitgehend als »Stück Seife« angesehen, mit dem die Christen sich täglich reinigen sollen. Aber was war die in Vers 8 stehende Behauptung, die die Menschen damals aufstellten? Und wie wird diese Behauptung in Vers 10 auf andere Weise ausgedrückt? Können wir wahre Christusgläubige sein und gleichzeitig behaupten, wir würden uns vollkommen sündlos verhalten?

Inwiefern ist Vers 9 die lebensverändernde Lösung für Ungläubige, die so etwas Lächerliches behaupten?

9. Lies Matthäus 6,14–15. Das ist der Schlusssatz dessen, was wir üblicherweise »Vaterunser« nennen. Unter welcher Bedingung vergibt Gott uns laut dieser Bibelstelle? Vergleiche das mit Epheser 4,32 und Kolosser 3,13. Denke an die Redewendung vom »Karren« (wir vergeben anderen) und vom »Pferd« (Gott vergibt uns). Was kommt in den drei Abschnitten jeweils zuerst? Warum gibt es einen Unterschied in dem, was die jeweiligen Abschnitte aussagen?

## Teil 6 – Entspanne dich: Du bist innerlich neu

1. Lies Römer 5,12.15 und 1. Korinther 15,22. Wie kam die Sünde in die Welt? Welcher »Aufenthaltsort« ist die Ursache für unseren geistlichen Tod?
2. Lies 1. Korinther 1,30 und Kolosser 1,13. Was ist unser neuer geistlicher »Aufenthaltsort«? Welche Vorzüge erhalten wir dort?
3. Lies Römer 6,3–6. Nenne mindestens fünf unterschiedliche Ergebnisse, die daher rühren, dass wir geistlich *in* Christus hineinversetzt sind. Welchen Einfluss haben sie darauf, wie du dich selbst, die Versuchung und deine Nähe zu Gott siehst?
4. Lies Epheser 2,5–6. Nenne mindestens drei Vorzüge, die wir davon haben, *in* Christus zu sein. Ist der Himmel für dich *nur* ein zukünftiger Bestimmungsort? Inwiefern könnte diese Bibelstelle sich auf deine Antwort auswirken?
5. Lies Kolosser 3,3–4. Was genau ist bei der Errettung geistlich gesehen mit dir geschehen? Wo ist jetzt dein Leben? Wer ist

jetzt dein Leben? Welchen Einfluss hat dein neuer geistlicher Aufenthaltsort auf deine Sicherheit?

6. Lies 1. Korinther 1,26. Welche drei Bezeichnungen in diesem Vers offenbaren, inwiefern das Fleisch uns eine Identität geben will, die der Welt entspricht?
7. Lies Galater 3,3. Wessen Werk versucht das Fleisch laut diesem Vers jetzt zu vollenden? Hast du schon einmal über diese »Version« von religiösem oder geistlich aussehendem Fleisch nachgedacht? Was ist deiner Meinung nach die Lösung für jemanden, der mit sich dieser Version des Fleisches abmüht?
8. Lies Philipper 3,3–6. Was bedeutet es deiner Meinung nach, »auf Fleisch zu vertrauen«? Welche Dinge gehörten zu Paulus' fleischlichem Lebenslauf? Welche (gut oder schlecht erscheinenden) Dinge gehören vielleicht zu unserem eigenen fleischlichen Lebenslauf? Welchen Einfluss hätte es auf dich, wenn du dein Vertrauen in Bezug auf deine Identität und Bestimmung auf eine neue Quelle setzen würdest?
9. Lies 1. Mose 4,7. Wie wird die Sünde hier beschrieben? Ist sie an dieser Stelle eher eine Handlung oder eine Sache? Glaubst du, es ist wichtig, Sünde auf diese Weise zu identifizieren? Wenn ja, warum?
10. Lies Römer 7,17.20. Lies jeden Vers langsam und sorgfältig. Was genau geschieht laut Paulus, wenn er sündigt? Wie könnte dieses Wissen uns im Augenblick der Versuchung helfen?
11. Lies Römer 7,22–23. Wo befindet sich dieses Gesetz (die Macht) der Sünde? Was tut es?
12. Lies Römer 6,6–7.11–12. Warum wurden wir mit Christus gekreuzigt? Was hat das bewirkt? Wenn wir versucht werden, zu wem gehören diese »Begierden« nun tatsächlich?

## Teil 7 - Entspanne dich: Du hast Auferstehungsleben

1. Lies Römer 5,12; Epheser 2,1.4–5 und Kolosser 2,13. Was ist unser Kernproblem und was ist Gottes Lösung dafür?
2. Lies Römer 7,10 und Galater 3,21. Welche *zwei* Dinge konnte das Gesetz uns nicht geben oder verleihen?
3. Lies Johannes 10,10 und Römer 6,23. Was war der Hauptzweck von Jesu Dienst auf der Erde und was bietet Gott uns an?
4. Lies Johannes 3,36 und 5,24. Welche Entscheidung können wir treffen, um von Gottes Angebot für uns zu profitieren? Welche Auswirkung hat das auf unser Leben?
5. Lies Römer 5,10. Wodurch werden wir mit Gott versöhnt? Was rettet uns wirklich? Hast du schon einmal über den Unterschied zwischen diesen zwei Ursachen und deren Auswirkungen nachgedacht?
6. Lies Johannes 11,25–26 und 14,6. Wie würdest du anhand dieser Verse ewiges Leben definieren? Inwiefern hilft dir das, zu erkennen, welches Leben du besitzt?
7. Lies Johannes 14,19 und Hebräer 7,25; 13,5. *Warum* leben wir? *Wie lange* werden wir leben? Und *welche Zusage* macht Jesus uns? Welche Auswirkung hat dieses Wissen auf dich persönlich?
8. Lies Philipper 3,7–9. Was ist für Paulus das Wichtigste im Leben? Welche konkreten Vorzüge gibt ihm dieser Schwerpunkt? Inwiefern spricht diese Stelle dich an, wenn es darum geht, dir im Leben Ziele zu setzen?
9. Lies Johannes 5,39–40 und 2. Petrus 1,3. Welche gute Sache könnte uns von der allerwichtigsten Sache ablenken? Wie können wir das Leben und den Wandel in Gottesfurcht wirklich erfahren?

10. Lies 1. Korinther 1,30–31 und 2. Korinther 5,21. Wie heilig bist du wirklich? Und wie gerecht bist du wirklich? Wie beschreibt die Stelle in 2. Korinther dich?
11. Lies Kolosser 2,9–10. Was bedeutet es für dich persönlich, dass du in Christus *zur Fülle gebracht* bist?
12. Lies Johannes 3,3–6 und 1. Johannes 5,1. Was bedeutet es für dich persönlich, dass du aus Gottes Geist geboren bist? Was sagt das über deine jetzige geistliche Natur aus?
13. Lies Kolosser 1,25–27. Diese Stelle beschreibt ein großes Geheimnis, das lange Zeit verborgen war, aber jetzt offenbart wurde. Was ist dieses Geheimnis? Warum ist das so eine große Sache?
14. Lies Galater 2,20. Wer sind die zwei »Ichs« in diesem Vers? Was ist der wesentliche Unterschied zwischen der Art und Weise, wie das erste »Ich« früher lebte und wie das zweite »Ich« jetzt lebt?
15. Lies Philipper 1,21 und Kolosser 2,6; 3,4. Was bedeutet es für dich, dass Christus dein Leben ist? Welche praktische Bedeutung hat für dich die Aussage »das Leben ist für mich Christus« (Phil 1,21 ELB)?

# DANKSAGUNGEN

Zunächst möchte ich meiner Frau Katharine danken. Katharine, du bist eine erstaunliche Ehefrau und für unseren Sohn Gavin eine wunderbare Mutter. Ich liebe dich mit einer Liebe, die aus meinem tiefsten Innern kommt, und im Lauf der Zeit erkenne ich immer mehr, wer du bist, und bin immer noch erstaunt darüber, wie gesegnet ich bin, die Aufmerksamkeit einer Frau deines Charakters und deiner Schönheit gefesselt zu haben. Danke, dass du mich geheiratet hast, und danke, dass du mich in meinem Leben und Dienst beständig unterstützt.

Meinem Sohn Gavin, der jetzt sieben Jahre alt ist, möchte ich Folgendes sagen: Du weißt gar nicht, mein Sohn, wie sehr ich dich liebe und was ich empfinde, wenn ich dich ansehe und dir beim Spielen zuschaue. Es ist unbeschreiblich. Unsere Abenteuer kürzlich beim Skifahren, als du so leichtfüßig direkt neben mir die fortgeschrittenen Pisten hinuntergefahren bist, haben mir bewusst gemacht, wie schnell wir über die Vater-Sohn-Beziehung hinaus auch Freunde geworden sind. Gavin, ich kann jetzt schon sehen, wer du bist und wer du werden wirst, und ich habe einen tiefen Respekt für dein Herz, deine Intelligenz und deine Kreativität. Ich liebe dich, weil du mein Sohn bist, und ich liebe dich mehr, als du dir wahrscheinlich vorstellen kannst.

Ich danke meiner Mutter, Leslie Farley, für ihre vielen Ratschläge und ihre Ermutigung über all die Jahre hinweg. Ich hatte großes Glück, in einer Familie aufzuwachsen, in der ich regelmäßigen Zugang zum Evangelium hatte. Gottes Gnade lernte ich zuerst durch meine Mutter kennen und ich bin ihr dafür auf ewig dankbar.

Ein besonderes Dankeschön geht an Andrea Heinecke und *Alive Communications.* Ich schätze es sehr, dass ihr keine Zeit und Mühen gescheut habt, mir in den letzten fünf Jahren zu helfen. Und ich möchte *Baker Books* danken, dass sie mit mir in diesem Bücherdienst zusammenarbeiten. Vor allem möchte ich Robert Hosack, Wendy Wetzel, Ruth Anderson, David Lewis, Erin Bartels und Paula Gibson meine Anerkennung aussprechen.

Auch für das Leitungsteam und die Mitglieder von *Ecclesia* und ihre beständige Unterstützung bin ich sehr dankbar. Vor allem möchte ich Chip Polk, Rex Kennedy, Donny Bailey, Jordan Polk und Kim Martin danken.

Und zum Schluss danke ich dir, lieber Leser, liebe Leserin. Wenn dir dieses Buch gefallen hat, dann denke darüber nach, es an jemanden weiterzugeben, der dir wichtig ist.

# Das nackte Evangelium

In diesem Buch geht es um die Wahrheit des Evangeliums, die du so in vielen Kirchen und Gemeinden vielleicht niemals zu hören bekommst. Kapitel für Kapitel entlarvt Andrew Farley fromme Floskeln und scheinheilige theologische Konstrukte, die gut klingen mögen, aber den Menschen unnötige, falsche Lasten aufbürden.

Farleys Botschaft ist simpel – aber lebensverändernd. In klarer, leicht verständlicher Weise zeigt er, wie das nackte, ursprüngliche Evangelium von Jesus Christus vieles von dem in Frage stellt, was heute landläufig als typisch christlich gilt. Plötzlich erscheint so manche Bibelstelle in ganz anderem Licht und vieles, was dabei bislang undurchschaubar und bedrückend schien, entpuppt sich in Wahrheit als befreiend und ermutigend.

# Gott ohne Religion

Viele Christen kämpfen damit, Gnade und Gebote unter einen Hut zu bekommen. Angst, Leistungsdruck und ein immerwährendes schlechtes Gewissen sind die Folge. Das Leben wird zum Krampf. Doch so muss es nicht sein. Andrew Farley zeigt anhand des Neuen Testaments, dass für Christen das Einhalten von Regeln, Gesetzen und Geboten überhaupt kein Thema mehr ist. Paulus hatte nicht die Zehn Gebote unterm Arm, als er in Kleinasien und Griechenland das Evangelium verkündet hat. Wer Jesus Christus vertraut und ihm nachfolgt, für den hat »das Gesetz« keinerlei Gültigkeit mehr. Christen können stattdessen, so Farleys ermutigende Botschaft, ein Leben der Freiheit führen – aus der Gnade Gottes heraus.

# Erlebe den Himmel

Wie wäre es, wenn wir den Himmel schon jetzt erleben könnten?

Bestseller-Autor Andrew Farley zeigt uns, wie man ungeachtet aller Umstände die Schönheit des Himmels wahrnehmen kann. Mit einem tiefen Verständnis für die Realität schmerz- und leidvoller Erfahrungen macht Andrew deutlich, dass der Himmel keine leere Versprechung für eine ferne Zukunft, sondern sehr real und im Hier und Jetzt erlebbar ist. Er erklärt, wie wir unsere fünf geistlichen Sinne wecken, um so die Gnade des Himmels sehen, hören, riechen, schmecken und fühlen zu können – trotz aller Probleme, die uns im Alltag begegnen. Dieser Himmel, den wir als Kinder Gottes schon heute in uns tragen, ist sicher vor dem Zugriff der Welt, doch für uns ist er in greifbarer Nähe.

201 Seiten, Paperback, ISBN 978-3-95933-031-2
Auch als E-Book erhältlich.

Weitere Bücher über das Evangelium der Gnade und Lese- bzw. Hörproben findest du auf **gracetoday.de** bzw. auf **youtube.com/gracetoday**.